Federico Benedetti

À propos de ce cahier

En quelque 200 exercices, les 20 chapitres de ce cahier vous permettront d'effectuer un balayage systématique et progressif des fondamentaux de la grammaire italienne : de la prononciation des signes jusqu'à la phrase complexe, en passant par les éléments constitutifs du groupe nominal et de la phrase simple.

La syntaxe et l'accord des temps et des modes verbaux constituent quelques-unes des principales difficultés de l'italien. Nous avons donc consacré un certain nombre d'exercices à ces aspects, sans oublier, bien sûr, la maîtrise du vocabulaire de base et des actes de langage indispensables dans la vie courante, comme demander l'heure, se repérer dans un planning, ou écrire un e-mail.

Enfin, ce cahier vous permet d'effectuer votre autoévaluation : après chaque exercice, dessinez l'expression de vos icônes (🙂 pour une majorité de bonnes réponses, 😐 pour environ la moitié et 🙁 pour moins de la moitié). À la fin de chaque chapitre, reportez le nombre d'icônes relatives à tous ces exercices et, en fin d'ouvrage, faites les comptes en reportant les icônes des fins de chapitres dans le tableau général prévu à cet effet !

Sommaire

Alphabet et phonétique

Alphabet et phonétique

- L'alphabet italien comporte 21 lettres, prononcées de la façon suivante :

A a	**D di**	**G dji**	**L èllè**	**O**	**R èrrè**	**U ou**
B bi	**E é**	**H àcca**	**M èmmè**	**P pi**	**S èssè**	**V vi**
C tchi	**F èffè**	**I**	**N ènnè**	**Q kou**	**T ti**	**Z tzéta**

- Les mots qui contiennent d'autres lettres sont donc forcément étrangers ou d'origine étrangère, et se prononcent comme dans la langue d'origine : *download*, *software*, etc.
- Les « pièges » orthographiques ou qui renvoient à des particularités phonétiques sont peu nombreux en italien. Les principaux concernent principalement deux lettres : C (voir ci-contre) et G (voir p. 4).
- **LETTRE « C » :**

Orthographe	Prononciation (orthographe de référence : français)
C + A, O, U	ka, ko, kou
C + I, E	tchi, tché
C + I + A, O, U	tcha, tcho, tchou
C + I + E	tché
C + H + I, E	ki, ké
SC + A, O, U	ska, sko, skou
SC + I, E	chi, ché (comme dans le verbe français « chipoter »)
SC + I + E	ché
SC + H + I, E	ski, ské

1 **Prononcez à voix les haute mots suivants.**

pace *(paix)*
poco *(peu)*
scheletro *(squelette)*
pesce *(poisson)*
pesca *(pêche)*
camicia *(chemise)*

uccello *(oiseau)*
occhio *(œil)*
scuola *(école)*
chiodo *(clou)*
schiuma *(mousse)*
scienza *(science)*

scheda *(fiche)*
centro *(centre)*
pulce *(puce)*

Alphabet et phonétique (suite)

- **LETTRE « G » :**

G + A, O, U	ga, go, gou
G + I, E	dji, djé
G + I + A, O, U	dja, djo, djou
G + I + E	djé
G + H + I, E	gui, gué
G + L + I	ill (comme dans le mot français « mouillé »)

2 Prononcez à haute voix les mots suivants.

geranio *(géranium)*
ghepardo *(guépard)*
giardino *(jardin)*
pagare *(payer)*
gufo *(hibou)*
giusto *(juste)*
paggio *(valet)*
pago *(je paye)*
paglia *(paille)*
spaghetti *(spaghetti)*

3 Pour chaque mot, tracez une croix dans la case correspondant au son (marqué selon la phonétique française).

SON	k	tch	ch	g	dj
parchi					
porci					
giardino					
prosciutto					
Ischia					
Procida					
piccino					
piccolo					
lasciare					
lanciare					
lunghissimo					

Autres particularités

- **LETTRE « Q » :**

Le « **u** » [ou] suit toujours le « **q** » et se prononce toujours :

quadro *(tableau)* [kouadro], **pasqua** *(Pâques)* [paskoua], **quoziente** *(quotient)* [kouotziente].

- **LETTRE « F » :**

On trouve un « **f** » dans de nombreux mots dont l'étymologie correspond à des mots français qui contiennent le groupe « **ph** » :

elefante *(éléphant)* – **farmacia** *(pharmacie)* – **fotografia** *(photographie)* – **filosofia** *(philosophie)*.

4 **Complétez ce *cruciverba* (mots croisés) à l'aide des mots que nous avons vus dans ce chapitre.**

L'accent tonique

Les mots italiens prennent des noms bizarres selon la syllabe qui porte l'accent tonique, ce qui est très variable :

- **PAROLE PIANE** *(plates),* accent sur l'avant-dernière syllabe :
  Torino *(Turin)* – **Milano** *(Milan)* – **amico** *(ami)* – **mangiare** *(manger)* – **tartaruga** *(tortue).*
- **PAROLE SDRUCCIOLE** *(glissantes),* accent sur l'antépénultième syllabe (troisième avant la fin) :
  Napoli *(Naples)* – **Udine** *(Udine)* – **sandalo** *(sandale)* – **chiamali** *(appelle-les)* – **ultimo** (*dernier).*
- **PAROLE BISDRUCCIOLE** *(doublement glissantes !),* accent quatre syllabes avant la fin :
  abitano *(ils habitent)* – **fabbricano** *(ils fabriquent)* – **portacelo** *(apporte-le-nous)* – **diteglielo** *(dites-le-lui).*
- **PAROLE TRONCHE** (*tronquées*, car la syllabe finale existait dans la langue ancienne, mais elle est « tombée » depuis), accent sur la dernière syllabe ; dans ce cas, il est également marqué à l'orthographe :
  città *(ville)* – **virtù** *(vertu)* – **verità** *(vérité)* – **civiltà** *(civilisation).*

5 **Pour chaque mot, cochez la case correspondant à la syllabe accentuée.**

Firenze
canzone
Federico
cantavano
felicità
Napoli
macchina
Antonella
fantastico
raccontatemelo

6 **Écrivez horizontalement le mot correspondant à chaque dessin. Verticalement, dans la colonne jaune, vous découvrirez le nom d'une ville du Molise, une région du sud de l'Italie.**

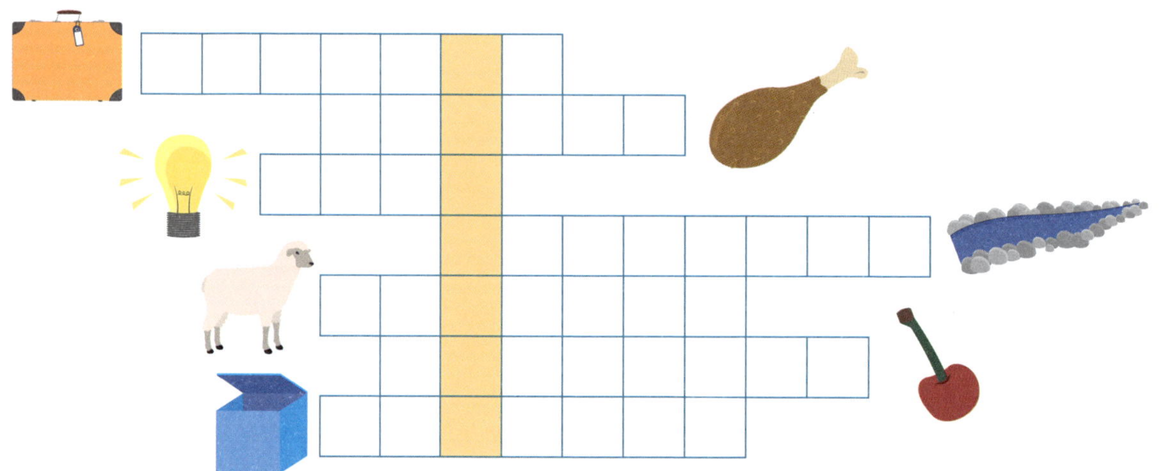

Les doubles consonnes

En italien, quand deux consonnes identiques se suivent à l'intérieur d'un même mot, on prolonge leur prononciation, comme si on l'exagérait. Cette nuance est importante, puisque certains mots se différencient uniquement par cette consonne simple ou double.

Par exemple : **nona** *(neuvième)* / **nonna** *(grand-mère)*. Il ne faut donc pas confondre la *Neuvième de Beethoven* **(la nona di Beethoven)** avec sa *grand-mère* **(la nonna di Beethoven)** !

7 **À l'aide d'un dictionnaire, redoublez la consonne centrale du mot italien de gauche et indiquez la signification en français du mot ainsi obtenu.**

Modèle : nona *(neuvième)* → nonna *(grand-mère)*

a. caro *(cher)* → ....

b. pala *(pelle)* → ....

c. sete *(soif)* → ....

d. tori *(taureaux)* → ....

e. tono *(ton)* → ....

f. uno *(un)* → ....

g. risa *(rires)* → ....

8 **À l'aide d'un dictionnaire, ajoutez un « h » après le « c » ou le « g » dans le mot italien de gauche et indiquez la signification en français du mot ainsi obtenu (la prononciation changera de [tch] à [k] et de [dj] à [g]).**

Modèle : giro *(tour)* → ghiro *(loir)*

a. getto *(jet)* → ....

b. doge *(doge)* → ....

c. ricci *(hérissons)* → ....

d. rocce *(rochers)* → ....

e. pesce *(poisson)* → ....

f. scema *(sotte)* → ....

Bravo, vous êtes venu à bout du chapitre 1 ! Il est maintenant temps de comptabiliser les icônes et de reporter le résultat en page 128 pour l'évaluation finale.

Articles, noms et adjectifs

Articles, noms et adjectifs

Voici un petit tableau récapitulatif des articles employés en italien :

	ARTICLES DÉFINIS *(articoli determinativi)*					ARTICLES INDÉFINIS *(articoli indeterminativi)*			
	Masculin			Féminin		Masculin		Féminin	
sing.	**il** *Devant une consonne (sauf s) + gn-, ps-, z-*	**lo** *Devant s + gn-, ps-, z-*	**l'** *Devant une voyelle*	**la** *Devant une consonne*	**l'** *Devant une voyelle*	**un** *Devant une voyelle ou une consonne (sauf s) + gn-, ps-, z-*	**uno** *Devant s + gn-, ps-, z-*	**una** *Devant une consonne*	**un'** *Devant une voyelle*
plur.	**i**	**gli**		**le**		**dei**	**degli**	**delle**	

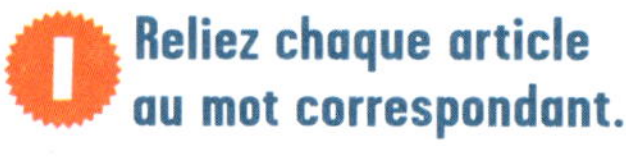

1 Reliez chaque article au mot correspondant.

1. lo • • a. treno
2. un • • b. studente
3. un' • • c. orchestra
4. gli • • d. città
5. delle • • e. amici
6. il • • f. ingegnere

2 Pour chaque mot, cochez l'article qui vous semble correct parmi les trois proposés.

☐ **il** ☐ **lo** ☐ **l'** — amico

☐ **un'** ☐ **un** ☐ **la** — bambina

☐ **degli** ☐ **dei** ☐ **del** — italiani

☐ **un** ☐ **lo** ☐ **il** — psicologo

☐ **i** ☐ **gli** ☐ **delle** — quadri

☐ **le** ☐ **gli** ☐ **un'** — autobus

Morphologie du nom

- La plupart des noms communs et adjectifs qualificatifs italiens se comportent comme **ragazzo** (voir tableau ci-contre).

	Masculin	Féminin
Singulier	ragazzo	ragazza
Pluriel	ragazzi	ragazze

- Cependant, certains noms communs se terminent en **–e** à la fois au masculin et au féminin. Leur pluriel est en **–i** pour les deux genres :
il dottore – i dottori **l'estate – le estati**
- Ceci est également valable pour les adjectifs qualificatifs qui se terminent en **–e** :
un uomo forte – degli uomini forti **una donna forte – delle donne forti**
- Si un nom se termine en **–co** ou en **–go** au masculin et en **–ca** ou en **–ga** au féminin, on ajoute un **–h** au pluriel pour conserver le son **[k]** et **[g]** :
il parco – i parchi **l'amica – le amiche** **la paga – le paghe**
- Toutefois, si le mot est *sdrucciolo* (voir p. 5), on n'ajoutera pas de **–h** et le pluriel sera en **–gi [dji]** :
lo psicologo – gli psicologi

3 Complétez le tableau ci-dessous tantôt avec le masculin, tantôt avec le féminin des mots (attention, certains sont au singulier et d'autres au pluriel).

Masculin	Féminin
il nonno	....
....	la bambina
....	le amiche
i maestri	....
....	la zia
....	la cantante
....	la scolara
un tedesco	....
dei francesi	....

Mots invariables

Certains mots sont invariables entre le singulier et le pluriel. Il s'agit :
– des mots accentués sur la dernière voyelle : **la città, le città** ;
– des mots étrangers se terminant par une consonne : **l'autobus, gli autobus** ;
– des mots abrégés : **la foto, le foto** ;
– des mots se terminant en –i : **la crisi, le crisi** ;
– des mots monosyllabiques : **la gru, le gru** ;
– des mots masculins se terminant en –a : **il sosia, i sosia** ;
– des mots féminins se terminant en –ie : **la specie, le specie.**

4 **Pour chacun de ces mots accompagnés d'un adjectif qualificatif, indiquez le bon article défini.**

a. .... città grande
b. .... cinema spazioso
c. .... sport esigenti
d. .... sci acrobatico
e. .... camion veloce
f. .... crisi finanziarie
g. .... specie rare
h. .... re potente

5 **Complétez le tableau ci-dessous tantôt avec le singulier, tantôt avec le pluriel des mots (attention, certains sont au féminin et d'autres au masculin).**

Singulier	Pluriel
il dottore inglese	....
....	le foto interessanti
....	i tè profumati
il viaggio istruttivo	....
un autobus strapieno	....
....	delle analisi pertinenti

Cas particuliers

- Certains mots forment leur féminin en **–essa**. Il s'agit de professions **(il dottore – la dottoressa)**, de noms d'animaux **(il leone – la leonessa)** et de titres de noblesse **(il conte – la contessa)**.
- Les mots qui se terminent en **–tore** au masculin se terminent en **–trice** au féminin : **il pittore – la pittrice**.

6 Complétez le tableau ci-dessous avec le féminin ou le masculin des mots.

Masculin	Féminin
il principe felice	....
....	l'attrice brillante
....	la scolara disubbidiente
l'elefante paziente	....
....	la presidentessa carismatica
i venditori convincenti	....

Encore des exceptions !

- Certains mots masculins deviennent féminins au pluriel, et se terminent alors en **–a** : **l'uovo fresco – le uova fresche, il paio – le paia**, etc.
- Enfin, rappelons que certains mots masculins ont deux pluriels : l'un masculin se terminant en **–i** et l'autre féminin se terminant en **–a**. En général, le deuxième est au sens propre (parfois des parties du corps humain) et l'autre au sens figuré.

Exemples : **il braccio** devient **le braccia** *(les bras de l'homme)* ou **i bracci** *(les bras d'une croix, d'un fleuve, etc.)*, **il corno** devient **le corna** *(les cornes)* ou **i corni** *(les cors de chasse)*, etc.

7 Cochez la case V si la phrase est correcte et la case F si elle est incorrecte.

	V	F
a. La mamma prese il figlio tra i bracci.	☐	☐
b. Abbiamo camminato a lungo negli stretti budelli della città vecchia.	☐	☐
c. Abbiamo incontrato due membra dell'associazione.	☐	☐
d. Aveva due lunghissime ciglia finte.	☐	☐
e. Dopo avere tanto lavorato, avevamo male a tutte le membra.	☐	☐
f. In quel punto il fiume si divide in due bracci.	☐	☐

8 Éventuellement à l'aide d'un dictionnaire, complétez avec l'une ou l'autre des formes du mot indiquées au-dessus des phrases, en faisant précéder le nom par l'article défini si nécessaire.

mura – muri

a. Ho dipinto di bianco .... del mio nuovo appartamento.

b. Le città medievali erano spesso circondate da potenti ....

corni – corna

c. Nelle opere di Wagner ci sono frasi musicali molto belle suonate dai ....

d. .... del toro sono pericolose per il toreador !

ossi – ossa

e. Il nonno soffre di artrite e gli fanno male ....

f. Ha mangiato tutto il pollo, nel piatto restavano solo .... !

bracci – braccia

g. Hanno finito di restaurare .... della croce di legno.

h. Appena sono arrivato, l'amico mi ha preso tra ....

fili – fila

i. Hanno scoperto .... del complotto.

j. L'elettricista è venuto a collegare ....

 **Complétez le tableau ci-dessous avec le singulier ou le pluriel des mots.** 

Singulier	Pluriel
l'uovo fresco	....
....	le paia identiche
....	le mani grandi
il muro del castello	....
l'occhio azzurro	....
....	i fuochi accesi
lo sport divertente	....
l'arma mortale	....
....	i cani fedeli
il ragazzo socievole	....
lo studente studioso	....
lo zio ricco	....
....	gli psicologi intuitivi

10 Reformulez les phrases suivantes au pluriel.
Exemple : Il bar è chiuso. ➜ *I* bar *sono chiusi.* 

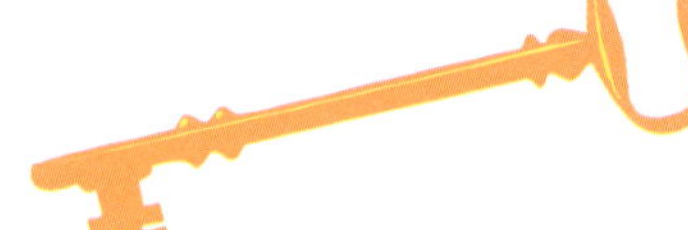

a. L'album serve per disegnare. ➜ ....

b. Il corno del toro è molto appuntito. ➜ ....

c. L'occhio del gatto vede nell'oscurità. ➜ ....

d. La mano stringe l'oggetto. ➜ ....

e. Il filo elettrico è stato collegato. ➜ ....

Bravo, vous êtes venu à bout du chapitre 2 ! Il est maintenant temps de comptabiliser les icônes et de reporter le résultat en page 128 pour l'évaluation finale.

Les noms altérés et les degrés de l'adjectif qualificatif

Les noms altérés et les degrés de l'adjectif qualificatif

Il est possible d'« altérer » le sens d'un nom commun en lui ajoutant un suffixe : diminutif (suffixes **–ino**, **–etto**, **–uccio**), augmentatif (**–one**), péjoratif (**–accio**, **–astro**) ou diminutif gracieux (**–otto**, **–ello**, **–olo**).

On dira donc **un gattino** pour *un petit chat* (mais aussi pour un chat tout mignon !), **un gattone** pour *un gros matou*, **un gattaccio** pour *un vilain chat*, etc.

Attention : le diminutif gracieux n'est pas toujours possible, car cette morphologie est liée à l'usage ; en outre, la différence entre le diminutif et le diminutif gracieux est parfois minime...

1 Complétez avec le suffixe correct.

a. Che palazzo enorme, è davvero un palazz.......... .

b. Ma comprati una macchina nuova, invece di andare in giro con quella brutta macchin.......... .

c. Ma non hai freddo, con quel cappott.......... in pieno inverno ?

d. Dovresti metterti una bella sciarp.......... di lana per non prendere un mal di gola.

e. Si crede un grande poeta, invece è solo un poet.......... .

f. Ho visto il figlio di Carla, è un bambin.......... così carino !

g. Mio caro figli.........., io parlo sempre per il tuo bene !

h. Come si comportano male, sono davvero dei ragazz.......... !

i. Che goloso ! Ieri ha mangiato un piatt.......... di pasta ed ha avuto mal di stomaco.

j. Hai visto che scarpe piccole ? Ha davvero dei pied.......... minuscoli.

Faux amis…

Il existe des mots apparemment altérés qui ont en réalité une signification propre. Ainsi, **un ombrellone** n'est pas un grand parapluie, mais *un parasol* et **un vasino** n'est pas un petit vase, mais *un pot de chambre* ! De même, **la lampada** est *une lampe*, alors que **la lampadina** est *une ampoule*…

2 **Inscrivez les mots listés ci-dessous dans le tableau, dans la classe correspondant à la bonne altération. Identifiez également les « faux altérés » dans la dernière colonne. Si nécessaire, aidez-vous d'un dictionnaire.**

BAMBINO famigliola nasone ragazzaccio

barchetta bottone librino rossetto MATTINA

ditino GIRETTO torrone cenetta

girino ventaccio omaccione sigaretta

Augmentatifs	Diminutifs	Péjoratifs	Diminutifs gracieux	« Faux altérés »
....	....	....	....	....
....	....	....	....	....
....	....	....	....	....
....	....	....	....	....
....	....	....	....	....
....	....	....	....	....

3 À l'aide d'un dictionnaire, construisez les faux altérés des mots donnés entre parenthèses de façon à donner un sens à la phrase.

Exemple : Ieri abbiamo mangiato un .... (tacco) arrosto. → Ieri abbiamo mangiato un *tacchino* arrosto.

a. Il soldato prese la pistola ma non premette sul .... **(grillo)**.

b. Mio nonno cammina sempre con il .... **(basto)**.

c. Nella banca di fronte a casa mia c'è stata una .... **(rapa)**.

d. Mi disse di essere nobile, aveva il titolo di .... **(baro)**.

e. Ha suonato il .... **(posto)** e ha detto che ha una lettera per te.

Les degrés de l'adjectif : le comparatif

- Les adjectifs qualificatifs subissent eux aussi des variations selon le degré d'intensité que l'on donne à la qualité indiquée ; nous aurons ainsi les formes du comparatif et du superlatif.

Comparatif de supériorité	Comparatif d'infériorité	Comparatif d'égalité
Carlo è **più** ricco **di** Luigi.	Luigi è **meno** ricco **di** Carlo.	Luigi è **(tanto)** ricco **quanto** Carlo. Luigi è ricco **come** Carlo.

- Le deuxième terme de la comparaison est toujours introduit par **di**, sauf dans les cinq cas suivants où l'on utilise **che** :

  – le deuxième terme de la comparaison est un verbe : **Dormire è <u>meno</u> faticoso <u>che</u> lavorare** ;
  – c'est un adverbe : **Quella medicina fa <u>più</u> male <u>che</u> bene** ;
  – c'est un adjectif différent : **È <u>più</u> ricco <u>che</u> bello** ;
  – il est précédé d'une préposition : **A Milano fa <u>più</u> freddo <u>che</u> a Roma** ;
  – la comparaison implique des quantités : **Ho mangiato <u>più</u> pasta <u>che</u> carne**.

4 Complétez les phrases suivantes avec le comparatif demandé.

Modèle : Si vanta tanto della propria situazione, ma è .... (fortunato-intelligente)
→ Si vanta tanto della propria situazione, ma è *più fortunato che intelligente*.

a. Avevo paura di stancarmi molto, ma in realtà è stato un lavoro .... **(lungo-faticoso)**.

b. Roma è .... **(lontana-Firenze-Milano)** ....

c. Immaginavo che Luca avrebbe avuto ottimi voti, è sempre stato .... **(studioso-me)**.

d. Luisa dice sempre di essere .... **(bella-sua sorella)**, ma è troppo modesta, io preferisco lei.

e. A volte trovo la domenica così interminabile che penso che lavorare sia .... **(noioso-riposarsi)**.

f. Suo padre è stato sempre più generoso .... **(con lui-con suo fratello)**.

g. Li apprezzo tutti e due, trovo Carlo .... **(simpatico-Claudio)**.

5 Reliez chaque phrase au comparatif correspondant. 

1. Roma è .... Pisa •	• **a.** meno potente di
2. La limonata è .... caffè •	• **b.** più pesante di
3. Un elefante è .... un cagnolino •	• **c.** più popolosa di
4. Avevo fretta, ho lavorato .... •	• **d.** più antico della
5. Il colosseo è .... torre Eiffel. •	• **e.** pesante quanto
6. Un chilo di ferro è .... un chilo di pane. •	• **f.** più presto che bene
7. A Mosca fa .... a Palermo •	• **g.** meno amara del
8. Un re è .... un imperatore •	• **h.** più freddo che

Les degrés de l'adjectif : le superlatif

- Le superlatif absolu peut être formé à l'aide de préfixes (***stra**bello*, ***super**bello*, ***iper**bello*, ***arci**bello*).
- Dans certains cas, il est créé en redoublant l'adjectif *(é **bello bello**)* ou bien en associant celui-ci à un autre adjectif ou à une locution qui le renforcent *(è bello **da matti**)*.

Superlatif absolu	Superlatif relatif
Maria è **bellissima**. Maria è **molto** bella. Maria è **assai** bella.	Maria è **la più** bella **della** sua classe. Mario è **il meno** studioso **della** sua classe.

6 **Formez le superlatif absolu ou relatif de chaque adjectif selon le sens de la phrase.**

a. Ho visto tutti i film del festival, ed il suo è .... **(bello).**

b. Hai visto l'ultimo film di Tornatore ? È .... **(bello).**

c. Ho assaggiato un formaggio .... **(saporito).**

d. Tra le cucine italiane, quella siciliana è .... **(saporito).**

e. Ha scritto tanti libri, ma l'ultimo è senz'altro .... **(interessante).**

f. Non c'è dubbio : il suo libro è .... **(interessante).**

Formes particulières de comparatifs et de superlatifs

	Comparatif	Superlatif
buono	migliore	ottimo
cattivo	peggiore	pessimo
grande	maggiore	massimo
piccolo	minore	minimo
alto	superiore	sommo
basso	inferiore	infimo

7 **En vous référant au tableau ci-contre, remplacez le comparatif ou le superlatif en italique par sa forme particulière.**

a. È stata un'idea *molto cattiva*.

➜ ....

b. Abitiamo al piano *più alto*.

➜ ....

c. I vostri prodotti sono di una qualità *più bassa* rispetto ai nostri.

➜ ....

d. Avresti meritato un voto *più buono*.

➜ ....

e. Pretende di ottenere un *buonissimo* risultato con un *piccolissimo* sforzo.

➜ ....

f. Il *più grande* poeta italiano è l'*altissimo* Dante.

➜ ....

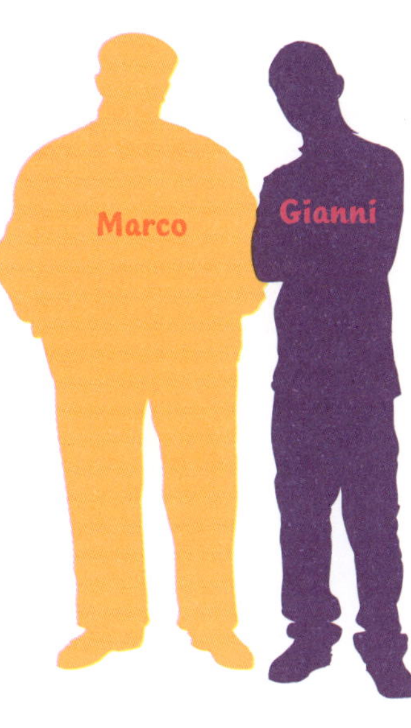

8 Complétez les phrases ci-dessous.

a. Marco è più .... Gianni.

b. Gianni è meno .... Marco.

c. Gianni è .... *(superlatif absolu).*

d. Marco è .... *(superlatif absolu).*

e. Tra i due, Gianni è .... *(superlatif relatif).*

f. Tra i due, Marco è .... *(superlatif relatif).*

9 Complétez les phrases ci-dessous.

a. Marco è più .... Gianni.

b. Gianni è meno .... Marco.

c. Gianni è .... *(superlatif absolu).*

d. Marco è .... *(superlatif absolu).*

e. Tra i due, Gianni è .... *(superlatif relatif).*

f. Tra i due, Marco è .... *(superlatif relatif).*

Bravo, vous êtes venu à bout du chapitre 3 ! Il est maintenant temps de comptabiliser les icônes et de reporter le résultat en page 128 pour l'évaluation finale.

4 Les chiffres et le temps

Les chiffres et le temps

Vous savez probablement compter en italien et n'avez donc besoin d'aucune révision sur le sujet. Mais, pour vous en assurer, nous allons faire un peu de maths !

1 Reliez chacune des opérations en chiffres sur la gauche au bon résultat en lettres sur la droite.

5 + 6 •	• ottantuno
9 x 9 •	• sedici
20 – 4 •	• centosettantadue
24 : 2 •	• sessantatré
7 x 9 •	• undici
161 + 11 •	• dodici
172 – 10 •	• centosessantadue

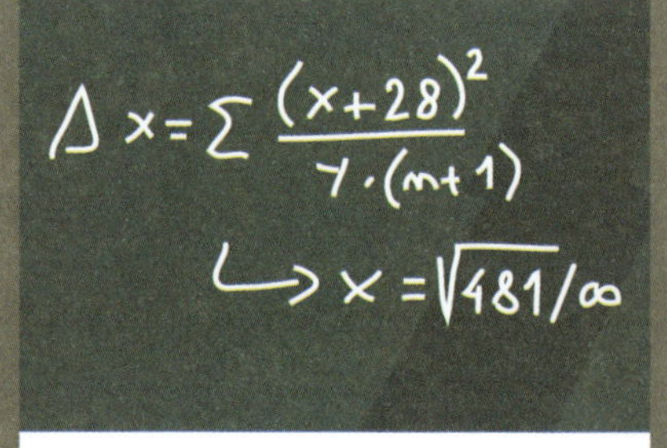

2 Répondez aux questions en écrivant les chiffres en toutes lettres.

a. La metà di quattordici è ....

b. Il triplo di undici è ....

c. La quarta parte di ottantaquattro è ....

d. Un terzo di novantatré è ....

e. Un decimo di centotrenta è ....

f. Il quadruplo di nove è ....

g. Il doppio di nove è ....

3 Maintenant, comme de vrais petits écoliers italiens, résolvez le problème suivant.

Pierino va al mercato a comprare delle uova per la sua mamma, sua nonna e sua zia ; ne compra quindici per la mamma, dodici per la nonna e diciassette per la zia. Poi guarda la lista della spesa e vede che si è sbagliato ! Allora ne prende quattro della mamma e due della nonna e le mette con quelle della zia. Sulla strada del ritorno ne rompe quattro, una della nonna, una della mamma e due della zia.

a. Quante uova porterà alla mamma ? ➜ ....

b. Quante alla nonna ? ➜ ....

c. Quante alla zia ? ➜ ....

d. Quante in totale ? ➜ ....

4 L'un de ces chiffres a quelque chose de différent des autres... Cherchez l'intrus !

quattordici trentaquattro milletrecentosei

VENTOTTO cento QUARANTA

sessantanove dodici seicentosedici

settantadue NOVANTOTTO settecentootto

Les nombres ordinaux

Les nombres ordinaux se forment en ajoutant le suffixe *–esimo* aux nombres cardinaux, sauf pour les dix premiers : ***primo***, ***secondo***, ***terzo***, ***quarto***, ***quinto***, ***sesto***, ***settimo***, ***ottavo***, ***nono***, ***decimo***.

5 Écrivez les nombres ordinaux ci-dessous en lettres.

a. 34° → ....

b. 67° → ....

c. 12° → ....

d. 602° → ....

e. 1000° → ....

f. 15° → ....

g. 8° → ....

6 Trouvez les lettres demandées dans les mots correspondant aux images, puis écrivez-les dans les cases vides. Vous y découvrirez le mot mystère.

a.	la quinta lettera di	....
b.	l'ottava lettera di	....
c.	la settima lettera di	....
d.	l'undicesima lettera di	....
e.	la prima lettera di	....
f.	la seconda lettera di	....
g.	la sesta lettera di	....
h.	la terza lettera di	....
i.	la nona lettera di	....
j.	la decima lettera di	....
k.	la dodicesima lettera di	....

L'heure

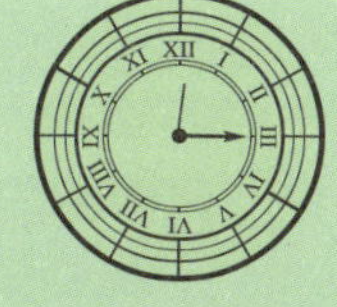
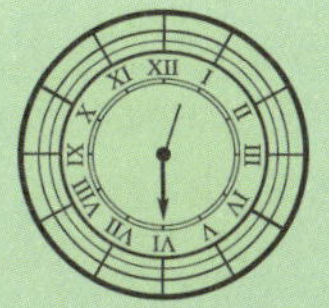
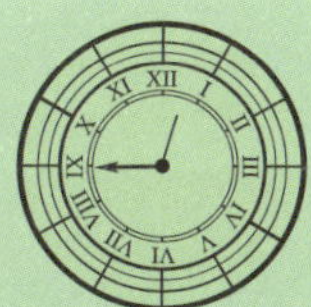

- Pour demander l'heure :
  – **Che ore sono ?**
  – **Che ora è ?**
- La réponse est :
  – **Sono le dodici e un quarto (12.15)**
  – **dodici e mezza (12.30)** ou **mezzogiorno e mezza**
  – **dodici e tre quarti (12.45)** ou **l'una meno un quarto (12.45)**, *etc.*

 **7** **Écrivez l'heure correspondante à côté de l'horloge.** 

a. 

Che ora è ?
Che ore sono ?

Sono le ....

oppure ....

b. 

Che ora è ?
Che ore sono ?

Sono le ....

oppure ....

c. 

Che ora è ?
Che ore sono ?

Sono le ....

oppure ....

d. 

Che ora è ?
Che ore sono ?

Sono le ....

oppure ....

e. 

Che ora è ?
Che ore sono ?

Sono le ....

oppure ....

 **Voici une page de l'agenda de M. Rossi. Regardez bien tous ses rendez-vous, puis complétez les horaires en toutes lettres dans le petit texte ci-dessous.** 

LUNEDÌ 12 DICEMBRE	MARTEDÌ 13 DICEMBRE	MERCOLEDÌ 14 DICEMBRE	GIOVEDÌ 15 DICEMBRE
8.30 → dentista	9.00 → riunione a Monaco	8.00 → colazione con il Prof. Neri	7.30 → treno per Torino
9.45 → riunione in ufficio	12.30 → partenza per Milano		9.00 → intervento al convegno della FIAT
12.30 → pranzo con Fabio	16.00 → appuntamento con l'avvocato Finzi	12.00 → Comprare il regalo per Filippo	12.00 → treno di ritorno
14.00 → videoconferenza	18.30 → piscina		18.30 → palestra
18.00 → partenza aereo per Monaco	20.00 → cena con Claudio e Giuseppe	20.30 → Festa di compleanno di Filippo	

Lunedì alle .... il Signor Rossi deve andare dal dentista ; poi ha una riunione alle dieci meno .... ed a mezzogiorno e .... deve ....con Fabio. Alle .... assisterà ad una videoconferenza, poi alle .... prenderà l'aereo per Monaco. Il giorno dopo è prevista una riunione alle .... ed a .... e .... riparte per Milano. Dopo un appuntamento alle .... va in piscina alle .... e a cena con amici alle .... Mercoledì fa .... con un collega alle .... Ad ora di pranzo, a .... va a comprare il regalo per suo fratello Filippo che festeggia il compleanno la sera alle .... Il giorno dopo parte per Torino alle .... per fare un intervento al convegno della FIAT alle.............................. Ritornerà a Milano con il treno delle .... e finirà la giornata in palestra alle ....

9 Programme d'un village de vacances. Voici les activités hebdomadaires du village de vacances « Mare e sole ». En regardant ci-dessous, répondez aux questions.

	LUNEDÌ	MARTEDÌ	MERCOLEDÌ	GIOVEDÌ	VENERDÌ
8.00	colazione	colazione	colazione	colazione	colazione
9.00	apertura del baby-club	apertura del baby-club	apertura del baby-club	apertura del baby-club	apertura del baby-club
9.30	aerobica in piscina	iniziazione alla pesca subacquea	aerobica in piscina	gara di corsa sulla spiaggia	aerobica in piscina
12.00	aperitivo (accoglienza dei nuovi arrivi)				
12.30	pranzo	pranzo	pranzo	pranzo	pranzo
14.00	escursione sulla scogliera	gita in barca	visita di Amalfi	visita del museo della pesca	visita della salina
16.30	merenda per tutti	merenda per tutti	merenda per tutti	merenda per tutti	merenda per tutti
18.00	chiusura del baby-club (non dimenticate i figli !)	chiusura del baby-club (non dimenticate i figli !)	chiusura del baby-club (non dimenticate i figli !)	chiusura del baby-club (non dimenticate i figli !)	chiusura del baby-club (non dimenticate i figli !)
18.30	aperitivo a tema : cocktail cubani	aperitivo a tema : cocktail americani	aperitivo a tema : cocktail spagnoli	aperitivo a tema : cocktail messicani	aperitivo a tema : cocktail sud-americani
20.00	cena	cena	cena	cena	cena
21.30	ballo di gruppo	festa Cotton Club	festa in maschera	serata cabaret	ballo di gruppo

a. A che ora si fa colazione al villaggio « Mare e sole » ?

➜ ....

b. A che ora si pranza ?

➜ ....

c. A che ora si cena ?

➜ ....

d. A che ora apre e a che ora chiude il baby-club ?

➜ ....

e. In che giorni della settimana e a che ora si fa aerobica ?

➜ ....

f. Qual è il giorno dei cocktail spagnoli ?

➜ ....

g. Nel pomeriggio si può mangiare tutti insieme : a che ora ?

➜ ....

h. Che si fa il venerdì alle quattordici ?

➜ ....

Bravo, vous êtes venu à bout du chapitre 4 ! Il est maintenant temps de comptabiliser les icônes et de reporter le résultat en page 128 pour l'évaluation finale.

Adjectifs et pronoms possessifs et démonstratifs

Possessif

Singulier		Pluriel	
Masculin	**Féminin**	**Masculin**	**Féminin**
mio	**mia**	**miei**	**mie**
tuo	**tua**	**tuoi**	**tue**
suo	**sua**	**suoi**	**sue**
nostro	**nostra**	**nostri**	**nostre**
vostro	**vostra**	**vostri**	**vostre**
loro	**loro**	**loro**	**loro**

- L'article est toujours obligatoire devant le possessif **(il mio cane, i miei amici)**, SAUF avec les noms des relations de parenté (uniquement au singulier) : **mio fratello, i miei fratelli**.
- Cette exception n'est pas valable avec **loro**, qui est toujours précédé d'un adjectif **(il loro padre)**, et si le mot est altéré **(il suo fratellino, il nostro zione)**. Il faut également l'article devant les mots **mamma** et **papà**, qui ne sont pas considérés comme des relations familiales, mais comme des diminutifs gracieux.
- Les formes présentées dans le tableau ci-dessus sont valables pour adjectifs et pronoms : **io verrò con la mia macchina e tu con la tua**.

1 Complétez le dialogue avec le possessif correct (avec ou sans article). 

- Credo che Luisa verrà con .... sorella, la conosci ?
- No, ma conosco .... fratellino, è molto simpatico.
- Io conosco tutta la famiglia, i tre figli e .... genitori.
- Sono anche andato a vedere .... nuova casa.
- Sì, è molto bella, ma io preferisco quella di Antonio : .... è molto più bella !
- Sì, è vero, ma devi ammettere che .... è più grande ....

Possessif (suite)

- On peut trouver également l'article indéfini devant le possessif : **un suo amico** signifie *« un de ses amis »*. Dans ce cas, le pluriel est formé avec l'article partitif : **dei suoi amici.**

2 Complétez avec le possessif correct.

a. I tuoi genitori ti vogliono aiutare : devi seguire .... consigli.

b. Luigi era molto arrabbiato, ha preso .... giacca e se n'è andato.

c. I miei figli hanno dimenticato .... zaini a scuola !

d. Amo tutta la mia famiglia, ma i parenti che preferisco sono .... zii.

e. Vengo volentieri a trovarti e a visitare .... città.

f. Ho visto Luisa con .... amico che non conoscevo.

3 Remplissez les cases vides du tableau ci-dessous en formant tantôt le pluriel, tantôt le singulier des expressions.

Singulier	Pluriel
un mio amico	....
....	i tuoi fratellini
la loro casa	....
....	le vostre macchine
nostra madre	....
....	le sue biciclette

Possessif (suite)

- Le pronom possessif est utilisé sans article pour traduire les expressions *« c'est à moi »*, **è mio**, *« c'est à toi »*, **è tuo**, *« ils sont à lui »*, **sono suoi**, etc.

4 Répondez aux questions suivantes en utilisant le pronom possessif correct.

Exemple : Sono tuoi questi giornali ? *(no – suoi)* → *No, non sono miei, sono suoi.*

a. È vostra questa macchina ? **(no – sua)**
→ ....

b. Di chi è questa giacca ? È tua ?
(no – di Carlo)
→ ....

c. Di chi sono queste chiavi ?
Sono vostre ? **(no – tue)**
→ ....

d. È di Luca questo libro ? **(no – mio)**
→ ....

e. Signore, è sua questa pizza ? **(sì)**
→ ....

f. Signori, sono vostre queste pizze ? **(sì)**
→ ....

Adjectifs démonstratifs

Ces adjectifs se comportent comme les articles définis : c'est donc la lettre par laquelle commence le nom qu'ils précèdent qui détermine le choix du démonstratif : **quello** est utilisé comme l'article **lo**, **quell'** correspond à **l'** (masculin et féminin), **quel** à **il**, et la même chose pour le pluriel ; il n'y a jamais d'apostrophe au pluriel **(quell'amica – quelle amiche)**.

	Singulier		Pluriel	
	Masculin	Féminin	Masculin	Féminin
(près de celui qui parle)	questo	questa	questi	queste
(loin de celui qui parle)	quello, quell', quel	quella, quell'	quei, quegli	quelle

5 Complétez avec l'adjectif démonstratif correct.

a. Vedi .... strada là in fondo ? È via Garibaldi.

b. Senti .... mano, com'è fredda !

c. Domani ti presento .... ragazzo di cui ti ho parlato.

d. Quest'estate vado in vacanza con .... amici che ho conosciuto in montagna.

e. Ieri, quando ho sentito .... strano rumore ho avuto paura.

f. Andiamo con.. macchina, è la mia.

Pronoms démonstratifs

	Singulier		Pluriel	
	Masculin	Féminin	Masculin	Féminin
utilisés pour des personnes, des animaux et des objets	questo	questa	questi	queste
	quello	quella	quelli	quelle
utilisés seulement pour des personnes	costui	costei	costoro	costoro
	colui	colei	coloro	coloro
traduit « ceci » et « cela »	ciò	–	–	–

- Les formes **quello**, **quella**, etc. et **colui**, **colei**, etc. sont suivies du pronom relatif **che** (➜ « *celui qui* », « *celle qui* », etc.) ; la même chose pour **ciò** (**ciò che** ➜ *ce qui*).
- Les formes indirectes de **ciò** peuvent être remplacées par les pronoms **ne** et **ci** :
  – **Che pensi di ciò ? ➜ Che ne pensi ?**
  – **Hai pensato a ciò ? ➜ Ci hai pensato ?**

6 **Complétez avec le pronom démonstratif correct, accompagné ou non de *che*.**

a. Fa sempre tutto .... vuole e non è mai contento.

b. La mia casa è .... con le finestre verdi.

c. Vi abbiamo raccontato tutto .... sapevamo.

d. .... ha detto questo si sbaglia.

e. Questi pomodori sono maturi, invece .... non lo sono ancora.

f. Con tutto .... abbiamo mangiato in vacanza, abbiamo preso tre chili !

7 **Réécrivez les phrases suivantes, en remplaçant *ciò* par *ne* ou *ci*.**

Exemple : non ho pensato a ciò ➜ non *ci* ho pensato

a. Non s'è accorto di ciò ➜ ....

b. Non credo a ciò ➜ ....

c. Mi occuperò io di ciò ➜ ....

d. Non mi importa niente di ciò ➜ ....

e. Penseremo a ciò domani. ➜ ....

f. Non mangio ciò. ➜ ....

8 **Cherchez l'intrus : un de ces pronoms démonstratifs a quelque chose de différent des autres : lequel ?**

costui — ciò — coloro — costoro — colei — quello — questi

9 **Complétez les phrases suivantes avec l'un des possessifs ou des démonstratifs contenus dans la liste ci-dessous (attention : chaque pronom est à utiliser une seule fois).**

il suo COLORO CHE ciò che le mie il mio questo CI questa vostra

a. .... è .... problema più importante : non ho mai imparato l'inglese.

b. .... mi voleva dire è che io sono .... più caro amico.

c. Ve lo dico chiaro e tondo : .... improvvisa voglia di lavorare, io non .... credo.

d. Io sto dalla parte di .... hanno .... stesse idee.

10 **Associez chaque mot avec le possessif ou le démonstratif correct.**

il tuo •	• padre
suo •	• madre
nostra •	• fratellino
la mia •	• imbroglio
quell' •	• mamma
quegli •	• istituti

11 **Complétez le texte ci-dessous avec les possessifs adéquats.**

Vi presento la mia famiglia : .... padre si chiama Vittorio, ed è insegnante : fa .... lavoro da vent'anni e gli piace molto. .... mamma si chiama Luisa ed è impiegata.

Dice che .... lavoro non le piace ma lo deve fare per mantenere .... famiglia. .... fratelli si chiamano Luigi e Domenico. Luigi è .... fratellino minore, ha otto anni, invece Domenico è .... fratello maggiore, e ne ha venticinque.

12 Complétez.

Questi sono .... fratello Giacomo e .... sorellina Susanna!

Vi presento .... papà e .... mamma!

Ed ecco .... nonni, paterni e materni. .... famiglia è al completo!

13 Et maintenant, en guise de récréation, un petit exercice de vocabulaire : complétez avec le mot italien, selon le sens de la phrase.

a. Il .... del Louvre si trova a Parigi, la .... della Francia.

b. Avremo quindici .... di vacanza in occasione delle .... di Natale.

c. Mio figlio era malato, allora sono andato dalla nostra ...., che gli ha prescritto di restare in .... per diversi giorni.

d. Ho incontrato Claudio con il .... nuovo ...., che è un bellissimo labrador.

Bravo, vous êtes venu à bout du chapitre 5 ! Il est maintenant temps de comptabiliser les icônes et de reporter le résultat en page 128 pour l'évaluation finale.

Indicatif présent des verbes *essere* et *avere* et conjugaisons régulières

Indicatif présent des verbes *essere* et *avere*

	AVERE	ESSERE
io	ho	sono
tu	hai	sei
lui, lei, ciò	ha	è
noi	abbiamo	siamo
voi	avete	siete
loro	hanno	sono

1 **Complétez avec les formes correctes des verbes *essere* ou *avere*.**

a. I signori Rossi .... una bellissima casa.

b. .... venticinque anni e .... italiana.

c. Se .... problemi per andare alla stazione, telefonateci e vi accompagneremo.

d. .... tardi, ... le diciotto e trenta !

e. .... a piedi ? Vi accompagnamo noi in macchina !

f. .... sonno, vado a letto.

g. Quest'anno .... pochi giorni di vacanza e restiamo in città.

h. Signora Ruggeri, se non .... tempo per venire da me, vengo io da lei.

Conjugaisons régulières

	Verbes en –ARE (*cantare*)	Verbes en –ERE (*ripetere*)	Verbes en –IRE 1er groupe (*finire*)	Verbes en –IRE 2e groupe (*partire*)
io	canto	ripeto	finisco	parto
tu	canti	ripeti	finisci	parti
lui, lei, ciò	canta	ripete	finisce	parte
noi	cantiamo	ripetiamo	finiamo	partiamo
voi	cantate	ripetete	finite	partite
loro	cantano	ripetono	finiscono	partono

2 Complétez avec la forme correcte du verbe indiqué.

a. noi .... **(costruire)**
b. loro .... **(avere)**
c. lei .... **(dipingere)**
d. voi .... **(camminare)**
e. io .... **(ubbidire)**
f. ciò .... **(stupire)**
g. noi .... **(sentire)**
h. voi .... **(capire)**

3 Complétez avec la forme correcte du verbe indiqué.

a. I bambini .... **(ascoltare)** la maestra in classe.
b. Se posso, quando vengo ti .... **(portare)** una torta.
c. Gli ho domandato che fa, e mi ha risposto che .... **(studiare)** all'università.
d. Io e Luisa .... **(avere)** voglia di venire da voi.
e. Ti ammiro, ... **(essere)** molto bravo !
f. Tua sorella .... **(cantare)** molto bene, è bravissima !
g. Non è molto tempo che Luigi .... **(guidare)** la macchina.
h. Se non parli più forte, il nonno non ti .... **(capire)**.
i. È sordo, non .... **(sentire)** niente.
j. Domani io e mia moglie .... **(prendere)** il treno delle otto e trenta.

4 Complétez les phrases suivantes en utilisant les mots de la liste ci-dessous (chaque mot peut être utilisé une seule fois).

-nisco | suona | ha | pensate | siete

a. Vorrei sapere da voi che cosa .... del mio progetto.
b. Mio figlio ama molto la musica, ... la chitarra.
c. Se alle cinque .... a casa, veniamo a trovarvi.
d. Quando .... di lavorare, vado sempre al cinema.
e. È un tipo coraggioso, non .... paura di nessuno.

5 Associez à chaque sujet sa forme verbale.

io e mia sorella •	• ubbidiscono
il cane dei vicini •	• canta
i soldati •	• giochiamo
il coro dell'opera •	• abbaia
voi pittori •	• lavori troppo
caro amico, •	• dipingete

6 Cherchez l'intrus.

parli ripete

PARTIAMO

saluto

FINISCI

mangia

Phonétique et orthographe

- Attention : les verbes du 1er groupe en **–care** et en **–gare** maintiennent le son dur **[k]** et **[g]** en ajoutant un **h** devant les désinences commençant par **i**, alors que les verbes du 2e groupe en **–cere** et en **–gere** changent **[tch]** en **[k]** et **[dj]** en **[g]** quand la désinence l'impose :

io cerco – tu cerchi, io pago – tu paghi, io piango – tu piangi, io dico – tu dici

7 Écrivez la forme correcte du présent de l'indicatif ; attention à l'orthographe !

a. Cercare *(noi)* ....

b. Piangere *(voi)* ....

c. Pregare *(tu)* ....

d. Pescare *(noi)* ....

e. Dipingere *(loro)* ....

f. Vincere *(io)* ....

g. Pagare *(noi)* ....

h. Toccare *(tu)* ....

8 Complétez.

Exemple : io mangio, *voi mangiate.*

a. tu prendi, noi ....

b. noi costruiamo, tu ....

c. io pulisco, voi ....

d. loro attendono, tu ....

e. noi ascoltiamo, lei ....

f. voi ubbidite, tu ....

g. io capisco, noi ....

h. lui paga, noi ....

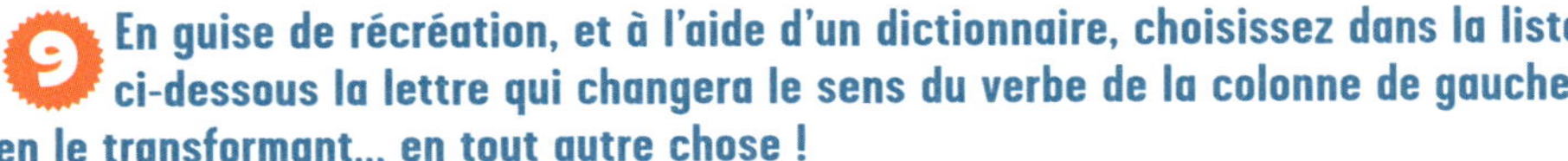

9 **En guise de récréation, et à l'aide d'un dictionnaire, choisissez dans la liste ci-dessous la lettre qui changera le sens du verbe de la colonne de gauche en le transformant... en tout autre chose !**

R – O – R – V – M – R – N – L

a. PULIRE ➜ PU...IRE
b. VOTARE ➜ VO...ARE
c. PAGARE ➜ PA...ARE
d. TIRARE ➜ ...IRARE
e. CANTARE ➜ C...NTARE
f. CAPIRE ➜ ...APIRE
g. PESTARE ➜ ...ESTARE
h. TENDERE ➜ ...ENDERE

10 **Complétez avec le verbe opportun, choisi dans la liste ci-dessous, selon le sens de la phrase.**

capire – avere – cantare – preferire – aspettare – pulire

a. Io e i miei amici .... canzoni italiane.
b. Se mi parli lentamente, ... più facilmente.
c. Se .... freddo, copriti bene e metti un berretto di lana.
d. Signor Carlini, ... la carne o il pesce ? – Non so, mi piacciono tutti e due.
e. Quando la casa è sporca, io la .... da cima a fondo.
f. Sono due ore che siamo qui alla stazione e .... il treno, ma non arriva mai !

11 **Écrivez dans chacun des pétales des trois fleurs une des particules qui « gisent » dans le pré et vous obtiendrez des verbes du 1er, du 2e ou du 3e groupe, selon la fleur !**

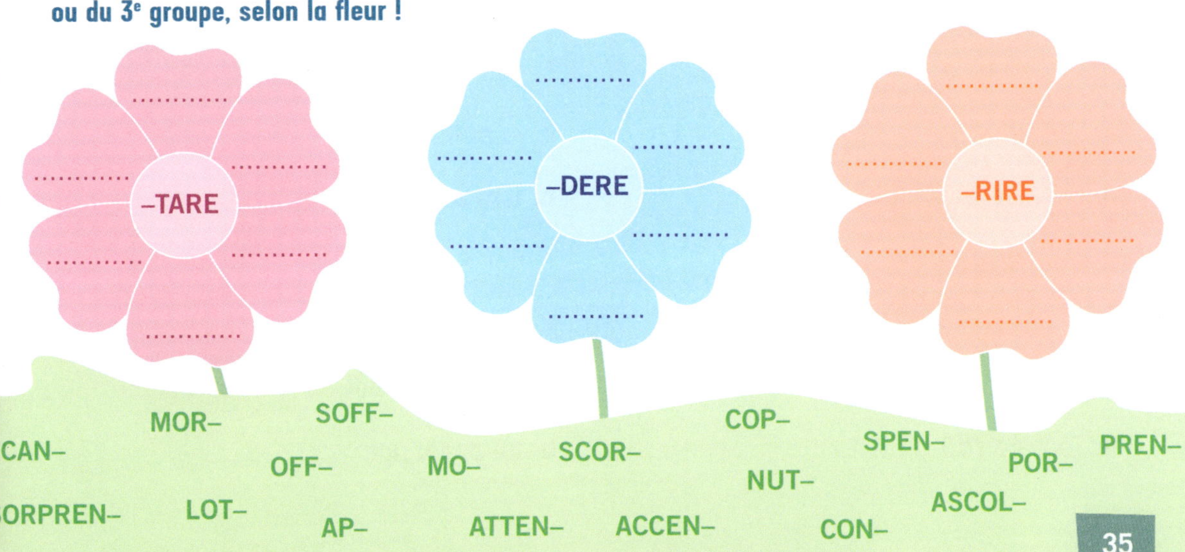

12 **Ceci est un exercice de vocabulaire ; la colonne de gauche est composée de plusieurs mots indiquant un groupe ; associez chacun d'eux à sa définition, expliquant de quoi ou de qui est formé le groupe.**

	• insieme di persone
squadra •	• serie di anelli
coro •	• insieme di giocatori
folla •	• insieme di mille unità
costellazione •	• raggruppamento di stelle
migliaio •	• gruppo di militari o agenti di polizia
orchestra •	• insieme di suonatori di strumenti musicali
catena •	• insieme di cantanti
pattuglia •	

13 **Une petite révision des noms altérés que nous avons vus à la leçon 3 (il ne faut pas oublier les leçons précédentes !) : complétez les espaces libres dans les dessins suivants avec les mots altérés adéquats.**

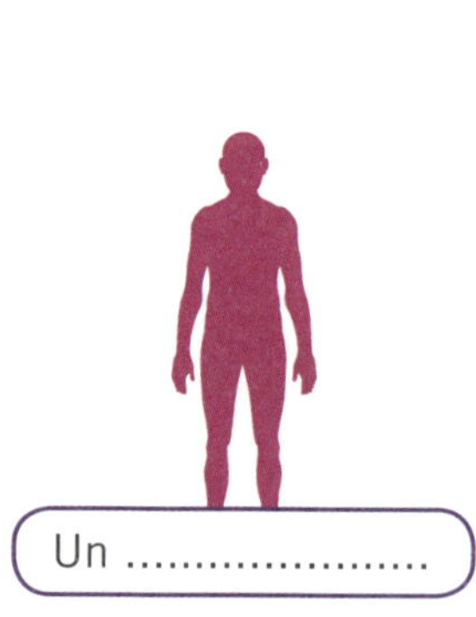

Un ....

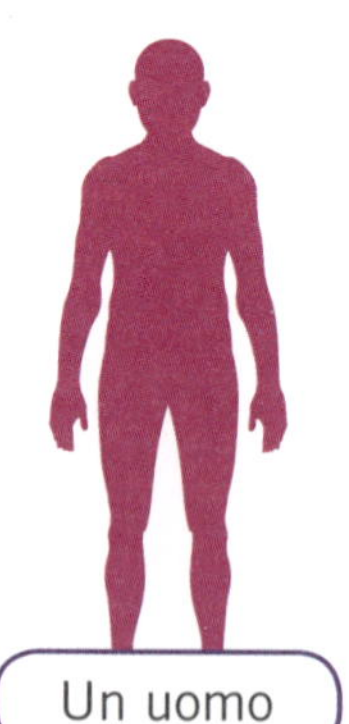

Un uomo

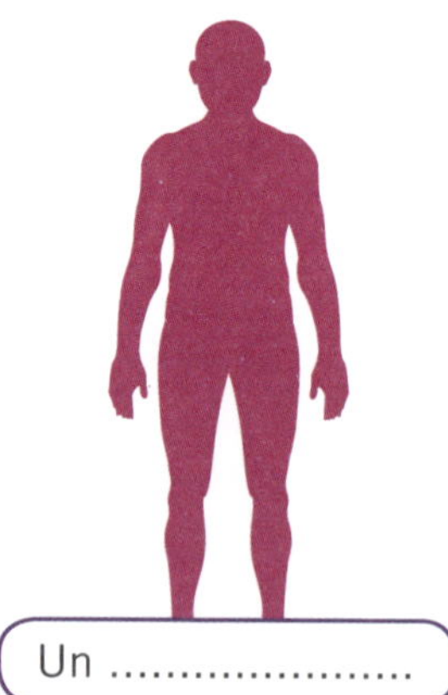

Un ....

Un ....

Un naso

Un ....

14 **Cruciverba di revisione.**

Horizontalement :

1. Ce n'est pas une petite lampe, c'est une ampoule !
5. Très, très bonne
8. La neuvième
9. Le pluriel de *gru*
11. Les 2e et 3e lettres de *cerchio*
12. Trois lettres pour écrire *[ké]*
14. *Tu sei, io .....*
15. La ville de Matera (abrégée)
17. Titre honorifique anglais
18. Le féminin pluriel de *attore*

Verticalement :

1. La femelle du lion
2. Plusieurs paires
3. Le pluriel de *drago*
4. Les oiseaux et les avions en ont
6. Le... partenaire du toréador !
7. La ville de Trento (abrégé)
10. Le pluriel de *re*
13. Un préfixe... superlatif !
15. La ville de Milan (abrégée)
16. *A noi*
17. Si ce n'est pas *no*, c'est .....

Bravo, vous êtes venu à bout du chapitre 6 ! Il est maintenant temps de comptabiliser les icônes et de reporter le résultat en page 128 pour l'évaluation finale.

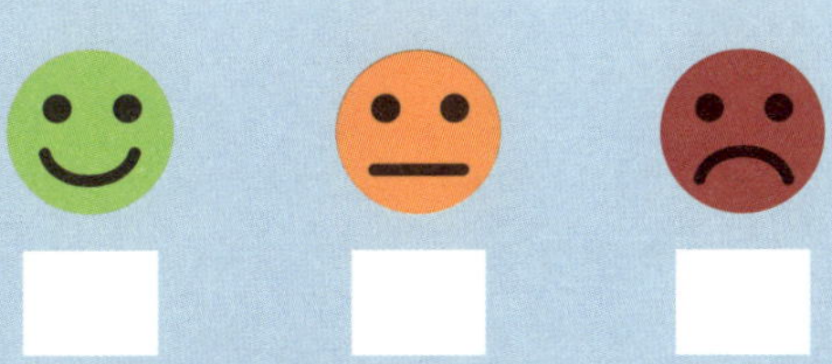

Passé composé, imparfait et plus-que-parfait

Le passé composé

- Comme en français, le passé composé est formé du présent de l'indicatif de l'auxiliaire **avere** ou **essere** suivi du participe passé du verbe à conjuguer, en **–ato** (verbes en **–are**), **–uto** (verbes en **–ere**), **–ito** (verbes en **–ire**).
- Avec le verbe **essere**, le participe passé s'accorde toujours avec le sujet, avec le verbe **avere** il ne s'accorde jamais.

1 Complétez avec la forme correcte du passé composé du verbe indiqué entre parenthèses.

a. Se .... **(finire)**, mi potete consegnare il compito.

b. Signore, Lei .... **(avere)** fortuna : ha vinto il primo premio.

c. Siamo stanchi perché .... **(lavorare)** tutto il giorno.

d. Le mie sorelle non sono in casa : .... **(andare)** insieme in centro.

e. Il treno .... **(partire)** in perfetto orario.

f. Mi complimento con voi : .... **(essere)** veramente bravi !

g. Non .... **(capire)** niente di quello che gli ho detto.

h. .... **(parlare)** con lui per un'ora e ho concluso che ha ragione lui.

i. Tuo fratello .... **(studiare)** tanto e alla fine è stato promosso.

j. Il film che abbiamo visto ieri ci .... **(piacere)** molto.

2 Complétez avec le présent ou avec le passé composé du verbe entre parenthèses, selon le sens de la phrase.

a. Ogni volta che .... **(io – mangiare)** cibo fritto, ... **(io – avere)** problemi di stomaco.

b. L'ultima volta che .... **(io – mangiare)** cibo fritto, ... **(io – avere)** problemi di stomaco.

c. Quando mio cugino .... **(arrivare)** ieri a casa mia, eravamo tutti contenti.

d. Quando mio cugino .... **(arrivare)** a casa mia, siamo sempre contenti.

e. .... **(Lui – temere)** di non riuscire ad ottenere un buon voto nell'interrogazione di domani.

f. Vedendo la difficoltà dell'interrogazione, in un primo tempo .... **(lui – temere)** di non riuscire ad avere un buon voto, poi grazie allo studio ce l'ha fatta.

g. La domenica .... **(noi – andare)** sempre al mare.

h. L'ultima volta che .... **(noi – andare)** al mare, faceva un tempo bellissimo.

i. La stampante che abbiamo comprato .... **(funzionare)** molto bene.

j. La stampante che abbiamo comprato .... **(funzionare)** molto bene per una settimana, poi si è rotta.

Choix de l'auxiliaire

On utilise *ESSERE* avec	On utilise *AVERE* avec
Les verbes intransitifs (mouvement, état, devenir…)	Les verbes transitifs
Les formes réfléchies, pronominales, impersonnelles	Les verbes intransitifs de mouvement quand le mouvement est indiqué en tant que tel, sans direction ni provenance
	Quelques intransitifs comme *dormire*, *ridere*, *sorridere*, etc.

3 Placez les poissons dans le panier du *è* ou dans celui du *ha* selon l'auxiliaire nécessaire pour compléter la phrase écrite dessus.

1. ..... arrivato tardi
2. ..... terminato il compito
3. ..... cominciato a studiare
4. Si ..... pentito dei suoi errori
5. ..... conosciuto nuovi amici
6. ..... piovuto tutta la notte
7. Si ..... lavato i denti

é	
....	....
....	....

ha	
....	....
....	....

Verbes semi-auxiliaires

Les verbes semi-auxiliaires **dovere**, **sapere**, **potere**, **volere**, suivis d'un verbe à l'infinitif, se conjuguent, dans les temps composés, avec l'auxiliaire du verbe qui les suit (le participe passé s'accorde avec le sujet si l'auxiliaire est **essere**)

sono dovuta andare a Firenze – ho dovuto fare un discorso.

4 Complétez avec le passé composé.

a. Luca e suo fratello si sono persi e non .... **(sapere)** tornare a casa.

b. Io e Carla .... **(dovere)** lavorare fino a mezzanotte.

c. Mia cugina .... **(volere)** venire con me a casa vostra.

d. I signori Rossi .... **(potersi)** permettere di comprare questa bellissima casa.

e. Scusateci, non .... **(potere)** arrivare prima.

f. Era tanto commosso che non .... **(potere)** parlare.

g. Mia madre mi ha chiamato e .... **(dovere)** andare da lei.

h. Nostro padre ci ha scritto e .... **(dovere)** partire immediatamente.

i. Tanti italiani .... **(dovere)** emigrare in America.

j. I miei genitori .... **(potere)** comprare questa casa.

Les désinences de l'imparfait de l'indicatif

(exemple : part-ire ➜ io part-iv-o, etc.)

Le verbe **avere** se comporte régulièrement comme un verbe en **–ere (avevo, avevi...)** ; l'imparfait de **essere** est :

ero eri era eravamo eravate erano

	Verbes en –ARE	Verbes en –ERE	Verbes en –IRE	Désinences (pour tous)
io	-AV-	-EV-	-IV-	-O
tu	-AV-	-EV-	-IV-	-I
lui, lei	-AV-	-EV-	-IV-	-A
noi	-AV-	-EV-	-IV-	-AMO
voi	-AV-	-EV-	-IV-	-ATE
loro	-AV-	-EV-	-IV-	-ANO

5 **Donnez la forme de l'imparfait du verbe entre parenthèses.** 

a. tu ➜ .... **(credere)**

b. loro ➜ .... **(prendere)**

c. noi ➜ ....**(partire)**

d. io ➜ ....**(vestire)**

e. voi ➜ .... **(ascoltare)**

f. lei ➜ .... **(capire)**

g. lui ➜ .... **(guidare)**

h. noi ➜ ....**(leggere)**

i. loro ➜ ....**(studiare)**

j. tu ➜ .... **(ballare)**

k. voi ➜ ....**(vendere)**

l. io ➜ .... **(andare)**

m. lui ➜ ....**(dormire)**

n. voi ➜ .... **(capire)**

6 **Complétez les phrases suivantes.** 

a. Io e i miei amici, quando .... **(essere)** giovani, spesso .... **(suonare)** la chitarra e .... **(cantare)** tutti insieme.

b. Hanno cambiato macchina : quella che .... **(avere)** prima .... **(essere)** rossa.

c. Tutte le sere, la bambine .... **(chiedere)** alla mamma di raccontare loro una storia, e lei, naturalmente, gliela .... **(leggere)** sul libro delle fiabe.

d. All'arrivo della polizia, io e il mio collega .... **(lavorare)** tranquillamente nel nostro ufficio e .... **(credere)** che tutto fosse normale.

Le plus-que-parfait

Le plus-que-parfait est formé de **l'imparfait de l'auxiliaire** + **le participe passé du verbe**.

7 Choisissez le bon auxiliaire du plus-que-parfait de l'indicatif dans les phrases suivantes.

a. Luisa .... **(uscire)** per fare la spesa, quando si è accorta che pioveva.

b. Io ti .... **(avvertire)** del pericolo prima della tua partenza, e tu ci sei andato ugualmente !

c. Quel giorno io e Filippo .... **(partire)** alle otto per Milano, ma il treno era in ritardo.

d. Ricordo che mio figlio non .... mai .... **(avere)** paura del buio, fino a quella volta in cui restò chiuso in cantina.

e. Prima dell'estate scorsa io e mia moglie non .... **(essere)** mai in Calabria.

8 Complétez avec le passé composé, avec l'imparfait ou avec le plus-que-parfait, selon le sens.

a. All'inizio, quando io e mio marito .... **(cominciare)** a studiare l'italiano, io non .... **(capire)** quasi niente, e lui .... **(essere)** molto più bravo di me, poi fortunatamente anch'io .... **(migliorare)**.

b. Quando lui me lo .... **(spiegare)**, io lo .... **(capire)** già da molto tempo.

c. Luca .... **(arrivare)** da me proprio mentre .... **(parlare)** con suo fratello.

d. Quando ieri .... **(uscire)**, ... la situazione ci .... **(sembrare)** tranquilla, poi tutto .... **(accadere)** durante la notte.

e. Da piccolo io non .... **(mangiare)** nessuna verdura ; .... **(cominciare)** a mangiarla dopo i dieci anni.

f. Durante gli anni sessanta i ragazzi .... **(portare)** i capelli lunghi.

g. Ieri in città io e Carlo .... **(incontrare)** Luigi che .... **(andare)** all'ufficio postale, perché il direttore gli .... **(telefonare)** per un lavoro.

h. Un'ora fa io .... **(sentire)** il telefono che .... **(suonare)** ; .... **(essere)** il mio amico Fabio che mi .... **(ricordare)** che io e lui .... **(parlare)** di andare al cinema insieme.

9 Encore une petite récréation : associez chaque verbe à son contraire.

accendere •	• togliere
aprire •	• rifiutare
accettare •	• abbassare
alzare •	• spegnere
accelerare •	• chiudere
mettere •	• rallentare

10 Attention à l'orthographe ! Complétez avec *hanno* ou *anno*, *ha* ou *a*, *hai* ou *ai*, *ho* ou *o*.

a. Bravo Luca, ... risposto correttamente .... professori !

b. Ti devo parlare : .... due .... tre cose da domandarti.

c. Il nonno .... ottant'anni e va ancora .... lavorare in giardino !

11 Tournez au passé la petite histoire de Chaperon rouge, en utilisant le passé composé, l'imparfait et le plus-que-parfait.

Cappuccetto Rosso **è** → .... una brava bambina che **vuole** → .... molto bene alla sua nonna. Domenica la mamma le **dice** → .... che la nonna **è** → .... malata e le **domanda** → .... di andare a trovarla per portarle una torta. Mentre **cammina** → .... nel bosco, **incontra** → .... il lupo, che le **domanda** → .... dove **va** → .... Cappuccetto Rosso gli **risponde** → .... che **va** → ....a casa della nonna al limite del bosco. Il lupo allora **va** → ....dalla nonna, **entra** → .... nella sua casa e la **mangia** → .... Poi **si traveste** → .... da nonna e **si mette** → .... nel suo letto. Quando **arriva** → .... dalla nonna, Cappuccetto Rosso **prende** → .... il lupo per la nonna, **si avvicina** → .... e il lupo **mangia** → .... anche lei. **Passa** → .... di là un cacciatore, **spara** → .... al lupo e gli **apre** → .... la pancia, da cui **escono** → .... Cappuccetto Rosso e la nonna che, insieme al cacciatore, **mangiano** → .... la torta preparata dalla mamma.

Bravo, vous êtes venu à bout du chapitre 7 ! Il est maintenant temps de comptabiliser les icônes et de reporter le résultat en page 128 pour l'évaluation finale.

Futur, futur imminent et conditionnel

Les formes du futur

- Le futur se forme à partir des radicaux et des désinences suivantes :

(exemples :
part–ire ➜ io part–ir–ò,
parl–are ➜ lui parl–er–à, etc.)

	Verbes en –ARE	Verbes en –ERE	Verbes en –IRE	Désinences
io	-ER-	-ER-	-IR-	-Ò
tu	-ER-	-ER-	-IR-	-AI
lui, lei	-ER-	-ER-	-IR-	-À
noi	-ER-	-ER-	-IR-	-EMO
voi	-ER-	-ER-	-IR-	-ETE
loro	-ER-	-ER-	-IR-	-ANNO

- Le futur du verbe **avere** est formé à partir du radical **avr-** et celui du verbe **essere** sur le radical **sar-** :

	ESSERE	AVERE
io	sarò	avrò
tu	sarai	avrai
lui, lei	sarà	avrà
noi	saremo	avremo
voi	sarete	avrete
loro	saranno	avranno

1 Complétez avec la forme correcte du verbe entre parenthèses en utilisant le futur.

a. Ora prendo la macchina e tra pochi minuti .... **(essere)** da te.

b. La settimana prossima .... **(aprire)** il nuovo supermercato.

c. .... **(ricordare)** per sempre il giorno in cui mi sono diplomato.

d. Quando .... **(essere)** il momento, mi .... **(dire)** quello che vuoi fare.

e. La prossima volta che .... **(prendere)** un bel voto, ti darò una ricompensa.

f. Domani .... **(partire)** per andare a trovare mia madre.

g. Voglio che tu mi avverta quando .... **(avere)** sue notizie.

h. Siamo contenti perché quando .... **(essere)** in Inghilterra, ... **(ascoltare)** la musica che ci piace.

i. Telefonateci quando .... **(essere)** in vacanza, così ci .... **(dire)** se la località è bella.

j. Mi sono iscritta a una corale, così .... **(cantare)** ogni giovedì.

Le futur antérieur

Comme en français, le futur antérieur est formé du futur de l'auxiliaire **avere** ou **essere** suivi du participe passé du verbe à conjuguer.

2 Complétez avec le futur ou avec le futur antérieur, selon le sens de la phrase.

a. Dopo che i miei parenti .... **(partire)**, finalmente noi due .... **(essere)** un po' tranquilli !

b. Se la mia squadra .... **(continuare)** a giocare così male, ... **(finire)** sicuramente in serie B.

c. Vi assicuro che appena .... **(finire)** questo lavoro, vi .... **(raggiungere)** al campo sportivo.

d. Non so quando i miei genitori .... **(partire)** per le vacanze.

e. Telefonatemi quando .... **(cominciare)** a lavorare, così mi .... **(dire)** se il lavoro vi piace.

f. Ti ho già detto che quando .... **(finire)** di fare la spesa, ... **(tornare)** a casa e ti .... **(preparare)** la cena.

g. Abbiamo deciso che .... **(partire)** dopo che il meccanico .... **(controllare)** il motore della macchina.

h. Quando tutti .... **(tornare)** a casa, ... **(esserci)** finalmente un po' di silenzio.

i. Per il momento fai quallo che ti dicono i tuoi genitori ; dopo che .... **(compiere)** diciotto anni, ... **(essere)** maggiorenne e farai quello che vuoi.

j. Mio caro figliolo, io ti .... **(lasciare)** uscire dopo che .... **(studiare)** le tue lezioni !

Cas particuliers

Les verbes en **–care** et en **–gare** prennent un **h** devant la désinence commençant par **–e** pour garder le son dur **[k]** et **[g]** du radical **(dimenticare – dimenticherò)**. Les verbes en **–ciare** et en **–giare** perdent le **–i**, devenu inutile, devant les désinences en **–e** et en **–i** **(mangiare – mangerò ; lasciare – lascerò)**.

3 Conjuguez au futur.

a. tu – dimenticare → ....

b. lui – pagare → ....

c. noi – toccare → ....

d. voi – creare → ....

e. loro – dire → ....

f. io – stancare → ....

g. loro – prendere → ....

h. lei – lasciare → ....

i. noi – praticare → ....

j. tu – vendicare → ....

k. loro – parcheggiare → ....

Dans le doute... le futur !

- Le futur exprime aussi un doute, une approximation : **Che ore saranno ? Non lo so, saranno le due** *(Quelle heure peut-il bien être ? Je ne sais pas, il doit être deux heures).*
- La même approximation au passé se fait avec le futur antérieur : **Che ore saranno state ? Non lo so, saranno state le due** *(Quelle heure pouvait-il bien être ? Je ne sais pas, il était peut-être deux heures).*

4 Répondez aux questions en suivant le modèle.

Exemple : Quanto costa quella macchina ? (ventimila euro) → *Non lo so, costerà ventimila euro.*

a. Dove può essere Carlo a quest'ora ? **(a casa)**

→ ....

b. Che numero porta di scarpe tuo figlio ? **(il trentotto)**

→ ....

c. Quanti anni ha quel giocatore ? **(venticinque)**

→ ....

d. Sai dove ha comprato quel bel vestito Giulia ? **(al supermercato)**

→ ....

e. Hanno suonato alla porta ; chi può essere ? **(il postino)**

→ ....

f. Che ore sono ? **(le due)**

→ ....

g. Che caldo ! Chissà che temperatura fa ? **(quaranta gradi)**

➜ ....

h. A quanti chilometri siamo da Firenze ? **(una trentina di chilometri)**

➜ ....

i. A che ora chiude quel negozio ? **(alle sette e mezza)**

➜ ....

j. Che cosa ha mangiato tuo fratello in Italia ? **(pasta e pizza)**

➜ ....

Présent progressif et futur imminent

- Notez les formes de présent progressif et de futur imminent formées avec le verbe **stare** :

  stare + gérondif : **sto mangiando**, *je suis en train de manger.*

  stare per + infinitif : **sto per mangiare**, *je suis sur le point de manger, je vais manger.*
- Notez également l'emploi de l'adverbe **appena** dans l'expression :

  ho appena mangiato, *je viens de manger.*
- À ne pas confondre avec :

  ho mangiato appena : *j'ai à peine mangé.*

5 Complétez en suivant l'exemple.

Exemple : Il treno arriva alle undici. Dunque alle dieci e cinquanta *sta per arrivare*. Alle undici e cinque *è appena arrivato*.

a. I signori Galvani pranzano alle diciannove e trenta. Dunque alle diciannove e venticinque .... Alle diciannove e trenta ....

b. Carlo va a dormire alle ventitré. Dunque alle ventidue e quaranta .... Alle ventitré e dieci ....

c. Gianni lavora dalle otto alle quattordici. Dunque alle dieci ....

d. Il professor Franchetti finisce alle nove. Dunque alle otto e quarantacinque .... Alle nove e dieci ....

e. Di solito studio dalle otto alle tredici. Dunque alle nove e mezza ....

Le conditionnel

io	-ei
tu	-esti
lui, lei	-ebbe
noi	-emmo
voi	-este
loro	-ebbero

- Le conditionnel est formé avec le radical du futur + les désinences suivantes :

  Exemple : **parl–er–ei, parl–er–esti,** **cred–er–ei, cred–er–esti,** **part–ir–ei, part–ir–esti**, etc.

- Comme en français, le conditionnel passé est construit avec le conditionnel présent du verbe auxiliaire + le participe passé du verbe à conjuguer.

  Exemple : **avrei finito, sarei arrivato.**

6 Traduisez en italien.

a. vous parleriez → ....

b. ils finiraient → ....

c. nous aurions obéi → ....

d. tu fermerais → ....

e. il aurait plu → ....

f. j'ouvrirais → ....

g. il serait arrivé → ....

h. nous aurions compris → ....

i. tu aurais été → ....

j. vous auriez eu → ....

Politesse au conditionnel...

- Le conditionnel est utilisé dans certaines formules de politesse :

Mi potrebbe dire che ore sono, per favore ?
Pourriez-vous me dire quelle heure il est s'il vous plaît ?

Saprebbe dirmi come si fa per andare in piazza Garibaldi ?
Sauriez-vous me dire comment on va place Garibaldi ?

Vorrei un caffè, per favore. *Je voudrais un café, s'il vous plaît.*

7 **Complétez avec la forme correcte du conditionnel présent ou passé.**

a. Che cosa desidera, signora ? – .... **(volere)** un tè caldo.

b. Penso che la soluzione migliore .... **(essere)** di non partire oggi.

c. Secondo lui tu ieri .... **(dovere)** agire diversamente.

d. Se mi state ad ascoltare, io .... **(avere)** un'idea per aiutarvi.

e. Quando ero giovane .... **(volere)** viaggiare sempre.

Le futur du passé

Le conditionnel passé est utilisé également pour exprimer le « futur du passé », c'est-à-dire un fait qui s'est déroulé postérieurement, par rapport à une proposition principale au passé.

Exemple : **Ieri mi ha confermato che sarebbe arrivato oggi alle cinque**, *hier il m'a confirmé qu'il arriverait aujourd'hui à cinq heures.*

8 **Complétez avec la forme correcte du conditionnel présent ou passé.**

a. Mi avevi promesso che .... **(terminare)** quel lavoro in due giorni.

b. Caro amico, mi .... **(potere)** fare un grande favore ?

c. .... **(giocare)** volentieri con voi, ma purtroppo ho male ad una gamba.

d. L'anno scorso, con uno studio più regolare, Carlo .... **(potere)** essere promosso.

e. E questo brutto quadro .... **(essere)** un capolavoro ? Io non sono d'accordo !

f. .... **(giocare)** volentieri con voi, ma purtroppo avevo male ad una gamba.

Bravo, vous êtes venu à bout du chapitre 8 ! Il est maintenant temps de comptabiliser les icônes et de reporter le résultat en page 128 pour l'évaluation finale.

Formes passive, impersonnelle, réfléchie et pronominale

Construction de la forme passive

- La forme passive est construite à l'aide de l'auxiliaire **essere**, aux temps simples et composés :

sono visto, *je suis vu* – **sono stato visto**, *j'ai été vu.*

- Parfois on utilise également le verbe **venire**, mais seulement aux temps simples :

vengo visto, *je suis vu.*

- Le complément d'agent est toujours précédé de la préposition **da** :

sono stato visto da tuo cugino, *j'ai été vu par ton cousin.*

1 Complétez avec la forme passive.

a. Alle ultime elezioni quel deputato .... **(votare)** da molti elettori.

b. Questa casa .... **(terminare)** l'anno prossimo.

c. Se commetti tutti questi errori, domani .... **(eliminare)** dall'arbitro !

d. Ogni anno questa trasmissione .... **(seguire)** da migliaia di telespettatori.

e. La moda italiana .... **(apprezzare)** in tutto il mondo.

f. La partita di domani .... **(vedere)** da moltissimi tifosi.

g. Dopo il furto di ieri, questa mattina il ladro .... **(arrestare)** dalla polizia.

h. Ieri ti ho avvertito che .... **(essere)** deluso dal film di oggi.

i. Ogni animale .... **(mangiare)** da un animale più grosso di lui !

j. All'epoca in cui è uscito, questo modello di computer .... **(comprare)** da molte persone.

2 **Transformez la forme active en forme passive.**

Exemple : Mio cugino ti ha visto → *Sei stato visto da mio cugino.*

a. Gli italiani mangiano la pasta ogni giorno.

→ ....

b. Molte navi attraversano il golfo di Napoli.

→ ....

c. I suoi amici lo stimano molto.

→ ....

d. Un rumore improvviso mi ha svegliato.

→ ....

e. I ladri hanno rubato tutti i gioielli.

→ ....

f. L'alunno ha fatto i compiti per domani.

→ ....

g. Il cane ha rincorso il gatto.

→ ....

3 **Transformez les phrases passives suivantes en actives.**

Exemple : Sono stato invitato alla festa da mia cugina → *Mia cugina mi ha invitato alla festa.*

a. Mario e Gino sono stati accusati da tutti.

→ ....

b. Il dottore è stato chiamato dalla famiglia del malato.

→ ....

c. Lo studente è penalizzato dalla sua distrazione.

→ ....

d. La macchina è guidata dall'autista con attenzione.

→ ....

e. Il ladro è stato condannato dal giudice a una pena severa.

→ ....

f. I deputati sono stati eletti dagli elettori.

→ ....

g. Il consiglio comunale verrà eletto dai cittadini.

→ ....

4 **Traduisez en italien.**

a. Cet homme est vu par tout le monde comme une bonne personne.

➜ ....

b. Sa chanson sera chantée par des millions de personnes.

➜ ....

c. La leçon a été expliquée par le professeur à tous les étudiants.

➜ ....

d. Ma voiture a été réparée par mon oncle.

➜ ....

e. Cette plage est fréquentée par de nombreux touristes.

➜ ....

f. Il m'avait assuré que je serais appelé par son cousin.

➜ ....

g. Je suis dérangé par cette musique !

➜ ....

h. Tu seras certainement embauchée par son entreprise.

➜ ....

i. J'étais tout le temps appelé par mon directeur le samedi et le dimanche.

➜ ....

Forme impersonnelle

- La forme impersonnelle (« on » en français) se construit avec **si** en italien :

qui si parla italiano, *ici on parle italien.*

- Il s'agit en réalité d'une forme passive, puisque le verbe s'accorde toujours avec le sujet réel, qui vient après ; le verbe auxiliaire est toujours **essere** et le participe passé s'accorde également :

si parlano molte lingue, *on parle beaucoup de langues* ;

si sono parlate molte lingue, *on a parlé beaucoup de langues.*

- Les prédicats et les adjectifs qui se réfèrent au sujet impersonnel doivent être accordés au pluriel :

quando si diventa vecchi, si è sempre stanchi, *quand on devient vieux, on est toujours fatigué.*

5 **Transformez les phrases suivantes en phrases impersonnelles, selon l'exemple.**

Exemple : Quando qualcuno ha mangiato troppo, sta male → *Quando si è mangiato troppo, si sta male.*

a. In Italia le persone mangiano spesso gli spaghetti.

→ ....

b. Negli ultimi anni le persone hanno fatto molti progressi nell'igiene di vita.

→ ....

c. Nella mia città la gente ha sentito dire cose strane su di te.

→ ....

d. Se uno studia la musica in età giovane, impara meglio.

→ ....

e. Quando una persona viaggia, deve avere i documenti.

→ ....

f. Quando uno non ci vede bene, deve mettere gli occhiali.

→ ....

g. Quando la gente capirà i problemi dell'ecologia, vivrà meglio e più sana.

→ ....

h. La gente fa tante cose con il computer.

→ ....

i. Uno non è mai contento di quello che ha.

→ ....

j. In questa impresa le persone lavorano tanto e guadagnano poco.

→ ....

Formes réfléchie et pronominale

- Le verbe est précédé des pronoms suivants :

mi	ti	si	ci	vi	si

- L'auxiliaire est toujours **essere** et le participe passé s'accorde avec le sujet :

Luisa si è vestita, i ragazzi si sono lavati.

- Cette règle est valable même pour les « faux réfléchis », où la forme pronominale est associée à un complément d'objet direct :

ci siamo lavati la faccia, *nous nous sommes lavé le visage.*

6 Complétez chaque phrase avec une des formes réfléchies de la liste ci-dessous.

vi siete preoccupati — Mi sono pentito — ti alleni — MI ALZERÒ — si è vestita

a. Benedetta .... elegantemente per uscire.

b. Devo andare a dormire, perché domani .... presto.

c. Se .... regolarmente, vincerai la gara.

d. .... dei miei errori.

e. Non c'era nulla da temere, ... per niente !

7 Complétez avec le pronom correct.

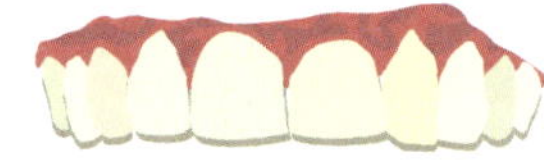

a. Mio figlio ha solo tre anni e .... veste già da solo.

b. Sono caduta dalla bicicletta e .... sono fatta male.

c. Per quella festa .... vestiremo in modo divertente.

d. .... pettinerò come la mia cantante preferita.

e. Questa mattina non .... sono fatto la barba.

f. .... sei lavato i denti dopo mangiato ?

g. .... siete ricordati di portare la merenda ?

h. No, ... siamo dimenticati, come al solito !

i. I signori Bianchi .... sono comprati una macchina nuova.

j. Stamattina Luigi non è venuto all'appuntamento, non .... sarà svegliato !

Bravo, vous êtes venu à bout du chapitre 9 ! Il est maintenant temps de comptabiliser les icônes et de reporter le résultat en page 128 pour l'évaluation finale.

10

Verbes irréguliers

Les formes verbales

- Nous allons commencer par une petite révision des principaux verbes irréguliers, en sachant que l'irrégularité concerne surtout le présent de l'indicatif, le radical du futur et le participe passé ; l'imparfait, sauf exceptions, est régulier (radical de l'infinitif – **-av-**, **-ev-**, ou **-iv-**, + désinences).
- Pour une présentation plus approfondie des formes verbales, nous vous conseillons de consulter une bonne grammaire ou les appendices des méthodes Assimil d'italien.
- Nous ne proposons ici que les temps présentant des irrégularités, les autres étant réguliers.

	En –ARE
ANDARE	prés. **vado**, **vai**, **va**, **andiamo**, **andate**, **vanno** – radical du futur : **andr-**
DARE	prés. **do**, **dai**, **dà**, **diamo**, **date**, **danno** – radical du futur : **dar-**
FARE	prés. **faccio**, **fai**, **fa**, **facciamo**, **fate**, **fanno** – imparfait formé sur le radical **facev-** , radical du futur : **far-**, part. passé **fatto**
STARE	prés. **sto, stai, sta, stiamo, state, stanno** – radical du futur : **star-**

1 Traduisez en italien.

a. ils vont → ....

b. vous feriez → ....

c. ils feront → ....

d. je faisais → ....

e. ils faisaient → ....

f. nous donnerions → ....

g. elle irait → ....

h. elles iraient → ....

i. ils feraient → ....

j. nous faisons → ....

Les formes verbales (suite)

En -ERE

ACCENDERE	part. passé **acceso**
ACCORGERSI	part. passé **accorto**
BERE	prés. radical **bev-** (imparfait aussi) – radical du futur : **berr-**
CADERE	prés. régulier – radical du futur : **cadr-**
CHIEDERE	part. passé **chiesto**
CHIUDERE	part. passé **chiuso**
CONDURRE	prés. radical **conduc-** (imparfait aussi) – radical du futur **condurr-** – part. passé **condotto**
CONCEDERE	part. passé **concesso**
CORRERE	part. passé **corso**
CUOCERE	prés. **cuocio**, **cuoci**, **cuoce**, **cuociamo**, **cuocete**, **cuociono** – part. passé **cotto**
DECIDERE	part. passé **deciso**
DIFENDERE	part. passé **difeso**
DIRIGERE	part. passé **diretto**
DISCUTERE	part. passé **discusso**
DISTINGUERE	part. passé **distinto**
DISTRUGGERE	part. passé **distrutto**
DIVIDERE	part. passé **diviso**
DOVERE	prés. **devo**, **devi**, **deve**, **dobbiamo**, **dovete**, **devono** – radical du futur : **dovr-**
GIUNGERE	part. passé **giunto**
LEGGERE	part. passé **letto**
METTERE	part. passé **messo**
MUOVERE	part. passé **mosso**
NASCERE	part. passé **nato**
PERDERE	part. passé **perso**
PIACERE	prés. **piaccio**, **piaci**, **piace**, **piacciamo**, **piacete**, **piacciono**
PORRE	prés. **pongo**, **poni**, **pone**, **poniamo**, **ponete**, **pongono** – radical du futur : **porr-**, part. passé **posto**
POTERE	prés. **posso**, **puoi**, **può**, **possiamo**, **potete**, **possono** – radical du futur : **potr-**
PRENDERE	part. passé **preso**
RENDERE	part. passé **reso**
RIDERE	part. passé **riso**
RIMANERE	prés. **rimango**, **rimai**, **rimane**, **rimaniamo**, **rimanete**, **rimangono** – radical du futur : **rimarr-**, part. passé **rimasto**
RISPONDERE	part. passé **risposto**
ROMPERE	part. passé **rotto**
SAPERE	prés. **so**, **sai**, **sa**, **sappiamo**, **sapete**, **sanno** – radical du futur : **sapr-**

SCEGLIERE	prés. **scelgo**, **scegli**, **sceglie**, **scegliamo**, **scegliete**, **scelgono** – part. passé **scelto**
SCENDERE	part. passé **sceso**
SCRIVERE	part. passé **scritto**
SEDERE	prés. **siedo**, **siedi**, **siede**, **sediamo**, **sedete**, **siedono** – radical du futur : **seder-** ou **sieder-**
SPEGNERE	prés. **spengo**, **spegni**, **spegne**, **spegniamo**, **spegnete**, **spengono** – part. passé **spento**
SPENDERE	part. passé **speso**
SPINGERE	part. passé **spinto**
TACERE	prés. **taccio**, **taci**, **tace**, **tacciamo**, **tacete**, **tacciono** – part. passé **taciuto**
TENERE	prés. **tengo**, **tieni**, **tiene**, **teniamo**, **tenete**, **tengono** – radical du futur : **terr-**
TOGLIERE	prés. **tolgo**, **togli**, **toglie**, **togliamo**, **togliete**, **tolgono** – part. passé **tolto**
VALERE	prés. **valgo**,**vali**, **vale**, **valiamo**, **valete**, **valgono** – radical du futur : **varr-**, part. passé **valso**
VEDERE	radical du futur : **vedr-** – part. passé **visto**
VINCERE	part. passé **vinto**
VIVERE	radical du futur : **vivr-** – part. passé **vissuto**
VOLERE	prés. **voglio**, **vuoi**, **vuole**, **vogliamo**, **volete**, **vogliono** – radical du futur : **vorr-**

2 Traduisez en italien.

a. nous sommes descendus

➜ ....

b. vous verrez ➜ ....

c. ils voudraient ➜ ....

d. j'enlève ➜ ....

e. ils valent ➜ ....

f. elles auraient poussé

➜ ....

g. tu auras ris ➜ ....

h. vous devrez ➜ ....

i. vous devriez ➜ ....

j. vous verriez ➜ ....

Les formes verbales (fin)

En -IRE

APRIRE	part. passé **aperto**
DIRE	prés. **dico**, **dici**, **dice**, **diciamo**, **dite**, **dicono** – imparfait sur le radical **dic-** , part. passé **detto**
OFFRIRE	part. passé **offerto**
SALIRE	prés. **salgo**, **sali**, **sale**, **saliamo**, **salite**, **salgono**
USCIRE	prés. **esco**, **esci**, **esce**, **usciamo**, **uscite**, **escono**
VENIRE	prés. **vengo**, **vieni**, **viene**, **veniamo**, **venite**, **vengono** – radical du futur : **verr-**, part. passé **venuto**

3 Traduisez en italien.

a. ils montent → ....

b. vous viendriez → ....

c. elles sortent → ....

d. elles sortiraient → ....

e. tu aurais dit → ....

f. nous avions offert → ....

g. elle a ouvert → ....

h. ils disent → ....

i. ils disaient → ....

j. elle monte → ....

4 Et maintenant, un petit mélange des verbes irréguliers issus des trois groupes. Traduisez en italien.

a. il monte → ....

b. tu verras → ....

c. il viendra → ....

d. vous avez perdu → ....

e. ils auraient couru → ....

f. je dois → ....

g. tu seras prise → ....

h. ils viennent → ....

i. elle est née → ....

5 Complétez avec la forme correcte du verbe indiqué entre parenthèses.

a. Se mi sarà possibile, il mese prossimo .... **(venire)** a trovarvi a Milano.

b. Quando .... **(scendere)** dalla montagna, eravamo stanchissimi e ci siamo riposati.

c. Dopo che tu .... **(aprire)** la porta, io potrò finalmente entrare a casa tua.

d. Lo posso dire che .... **(appartenere)** ad una categoria professionale particolare.

e. Quando sono in vacanza, io .... **(volere)** divertirmi !

 **Choisissez la forme correcte entre les deux indiquées.** 

a. Finita la scuola, siamo **corruti / corsi** a casa.

b. Io e mio fratello ci siamo sempre **divisi / dividati** la merenda.

c. La festa era finita ed eravamo **rimanuti / rimasti** solo in tre.

d. Ho **leggiuto / letto** un bellissimo libro.

e. Quando compro dei vestiti, **sceglio / scelgo** sempre ottime marche.

 **Complétez avec le verbe *andare*.** 

a. **OGGI** il signor Rossi .... a lavorare.

b. **IERI** la signora Bianchi .... a lavorare.

c. **IERI** il signor Rossi e la signora Bianchi .... a lavorare.

d. **DOMANI** il signor Rossi e la signora Bianchi .... a lavorare.

 **Et maintenant c'est à vous, en regardant le dessin, de dire ce que font les personnages, à l'aide du verbe indiqué.**

a. **IERI** il signor Rossi e la signora Bianchi .... **(prendere)** il treno.

b. **OGGI** il signor Rossi .... **(bere)**.

c. **DOMANI** la signora Bianchi .... **(bere)**.

9 Associez à chaque infinitif le participe passé correct ; à la fin du jeu, 7 participes passés (incorrects) resteront « orphelins ».

	• Venito
	• Saluto
Prendere •	• Sceso
	• Dito
Fare •	• Preso
	• Venuto
Dire •	• Salito
	• Fato
Scrivere •	• Detto
	• Scrivuto
Venire •	• Prenduto
	• Fatto
Scendere •	• Scenduto
Salire •	• Scritto

10 Complétez le dialogue suivant avec les verbes indiqués entre parenthèses.

– Ciao, Carla, che cosa .... **(fare)** ieri ?

– Niente di speciale, non .... **(uscire)** di casa.

– Peccato, perché .... **(essere)** una bellissima giornata.

– Sì, ho guardato dalla finestra verso mezzogiorno e .... **(vedere)** che .... **(fare)** un tempo splendido.

– Ascolta, ti ho chiamato perché .... **(volere)** proporti una cosa : .... **(volere)** venire domani a casa mia ?

– Sì, domani .... **(venire)** molto volentieri !

– Allora a domani : io .... **(essere)** a casa a partire dalle tre e mezzo.

11 Traduisez en italien les phrases suivantes.

a. Si je peux venir chez vous, je viendrai sûrement.

➜ ....

b. J'ai choisi cette voiture parce qu'elle me plaît beaucoup.

➜ ....

c. Quand ils peuvent, ils sortent toujours, même quand il pleut ou il neige.

➜ ....

d. Nous avons attendu longtemps avant de téléphoner chez vous.

➜ ....

e. Tu ne fais aucun sport, mais tu devrais.

➜ ....

 **Transformez la phrase donnée selon le sujet indiqué.** 

Exemple : Io parlo italiano con i miei amici. → *Tu... parli italiano con i tuoi amici.*

a. Voi fate i vostri compiti poi venite al cinema.

→ Noi ....

b. Lui, quando viene interrogato, spesso tace.

→ Io, ...

c. Noi teniamo molto al nostro lavoro e ci andiamo volentieri.

→ Loro ....

d. Loro sanno che verranno rimproverati dal loro direttore.

→ Voi ....

13 Et maintenant nous reprenons le petit jeu des contraires à associer (exercice 10 du chapitre 7), mais cette fois c'est à vous d'écrire le contraire.

Exemple : aperto → chiuso.

a. salito → ....

b. perso → ....

c. spento → ....

d. entrato → ....

e. pianto → ....

f. morto → ....

Bravo, vous êtes venu à bout du chapitre 10 ! Il est maintenant temps de comptabiliser les icônes et de reporter le résultat en page 128 pour l'évaluation finale.

11

Les pronoms personnels simples et groupés

Les pronoms sujets

- Les formes des pronoms sujets n'ont désormais plus de secrets pour vous ! Il est cependant utile de savoir que, s'il reste souvent sous-entendu, le pronom sujet est néanmoins utilisé pour ajouter une nuance d'insistance sur le sujet :
  – **sono italiano**, *je suis italien.* – **io sono italiano**, *moi, je suis italien.*
- Parfois on utilise même l'inversion verbe-sujet :
  – **parlo io**, *c'est moi qui parle.* – **sono io**, *c'est moi.*
  – **sono stato io**, *c'est moi qui ai agi.*

1 Complétez par le pronom sujet correct.

a. .... avreste perso
b. .... sarai andato
c. .... sarei andato
d. .... potrebbero
e. .... vuole
f. .... puoi
g. .... vanno
h. .... vai
i. .... vendicheremmo
j. .... salgo
k. .... toglie

2 Répondez à la question selon l'exemple ci-dessous.

Exemple : Chi è stato ? *(io)* ➜ *Sono stato io.*

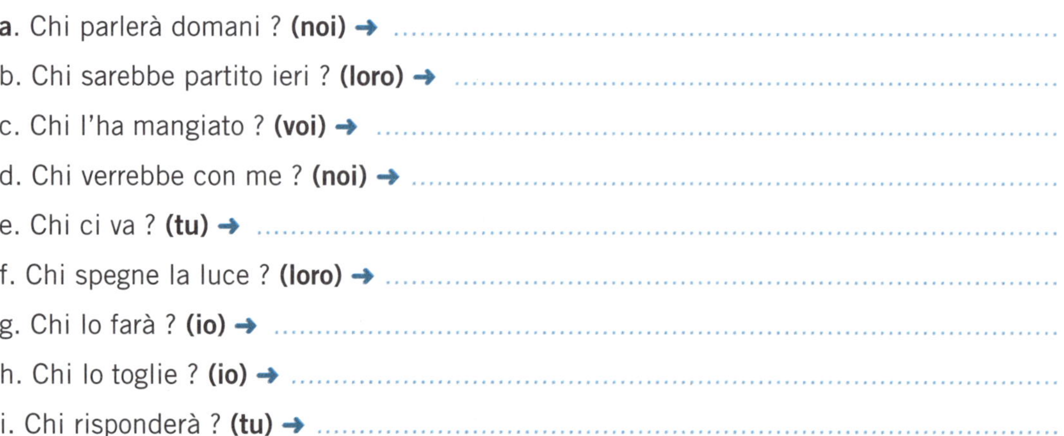

a. Chi parlerà domani ? **(noi)** ➜ ....
b. Chi sarebbe partito ieri ? **(loro)** ➜ ....
c. Chi l'ha mangiato ? **(voi)** ➜ ....
d. Chi verrebbe con me ? **(noi)** ➜ ....
e. Chi ci va ? **(tu)** ➜ ....
f. Chi spegne la luce ? **(loro)** ➜ ....
g. Chi lo farà ? **(io)** ➜ ....
h. Chi lo toglie ? **(io)** ➜ ....
i. Chi risponderà ? **(tu)** ➜ ....
j. Chi potrebbe ? **(loro)** ➜ ....

Les pronoms compléments

Forme forte	Forme faible	
me	mi	
te	ti	
lui, lei	C.O.D.	C.O.I.
	lo, la	gli, le
noi	ci	
voi	vi	
loro	C.O.D.	C.O.I.
	li, le	gli

- Les formes fortes sont utilisées avec une préposition (**per me**, **con lui**, **di noi**, etc.) et, en général, quand on veut leur attacher une importance particulière : **quando succede qualcosa, accusano sempre me**, *quand il arrive quelque chose, c'est toujours moi qu'ils accusent.*
- Les formes faibles sont utilisées dans tous les autres cas (nuance plus « neutre » : **ti parlo**, *je te parle*, **parlo a te**, *c'est à toi que je parle*).
- La personne de politesse étant exprimée par **Lei**, les formes faibles seront celles du féminin : **Signor Rossi, le devo parlare**, *Monsieur Rossi, je dois vous parler.*

3 Remplacez la forme forte entre parenthèses par la forme faible, comme indiqué dans l'exemple ci-dessous.

Exemple : Quando *(lui)* .... vedrò, *(a lui)* .... parlerò → Quando *lo* vedrò, *gli* parlerò.

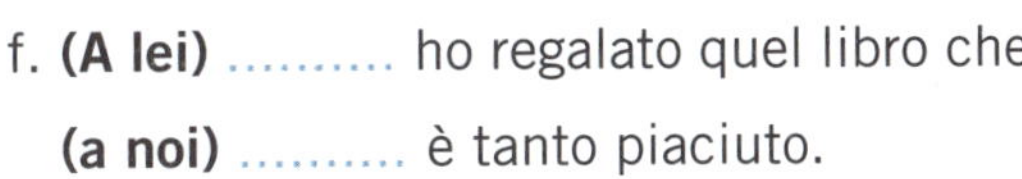

a. Se **(a te)** .... fa piacere, **(lei)** .... accompagnerò a scuola.

b. **(A noi)** .... piace molto la cioccolata.

c. **(A lui)** .... ho parlato di tuo fratello, e **(a me)** .... ha detto che **(lui)** .... convocherà al più presto.

d. Le tue amiche **(a me)** .... sono molto simpatiche, e **(loro)** .... vedo più spesso possibile.

e. **(A loro)** .... ho mandato una mail, spero che **(la mail)** .... riceveranno.

f. **(A lei)** .... ho regalato quel libro che **(a noi)** .... è tanto piaciuto.

g. Quando **(lei)** .... vedrai, **(a lei)** .... devi parlare.

h. Il direttore **(a me)** .... ha detto che **(voi)** .... chiamerà domani.

i. Non **(a voi)** .... ha spiegato nessuno la situazione ?

j. **(Noi)** .... ha accompagnato Luigi.

4 **Complétez par le pronom complément ou par le pronom sujet adéquat (forme forte ou forme faible), selon le sens de la phrase.**

a. Ho visto Luigi e .... ho spiegato tutto.

b. Se non hai la macchina, ... posso accompagnare alla stazione.

c. Caro Franco, ho molta amicizia per .... e anche in questa situazione .... voglio aiutare.

d. Dottore, ... devo vedere al più presto.

e. .... adoro il cinema e .... piacciono particolarmente i film polizieschi, e a ...., Professore ?

f. Dottore, ... devo parlare oggi stesso.

g. Se non hai tempo di venire da me, verrò .... a casa tua.

h. Che disastro ! Chi è stato a fare questo ? Siamo stati ....

i. Non capisco come .... possano piacere quegli stupidi film che va sempre a vedere.

j. Vieni con .... e .... mostreremo tutto.

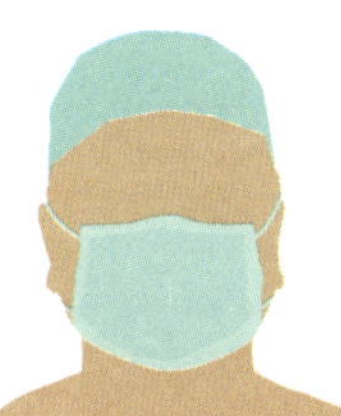

Ci et *ne*

Parmi les pronoms, on doit aussi considérer **ci**, correspondant au *y* français (**ci vado**, *j'y vais*), et **ne**, qui traduit *en* (**ne voglio due**, *j'en veux deux*).

5 **Complétez par le pronom complément ou par le pronom sujet adéquat (forme forte ou forme faible), selon le sens de la phrase.**

a. Ho incontrato Mario che .... ha detto che .... ha abbastanza del suo lavoro e che non .... vuole più andare.

b. Parla a quel tuo collega : se .... spieghi bene il problema, ... ascolterà e .... potrete discutere serenamente.

c. .... piace molto Napoli, ... siamo andati molte volte e .... siamo sempre tornati entusiasti.

d. Signor Rossi, ... assicuro che .... può credere sulla parola, ... sono una persona onesta.

e. Ascolta, ... devo portare in quel ristorante ; io e mia moglie .... siamo stati ieri, ... abbiamo parlato e abbiamo deciso che .... dobbiamo tornare con .... e tua moglie.

f. Quante .... vuoi ? – .... voglio due.

Des pronoms accrochés aux verbes...

- Quand ils accompagnent un verbe à l'infinitif, au participe présent, au participe passé, au gérondif ou à l'impératif, les pronoms personnels s'accrochent à la fin de la forme verbale, en constituant un seul mot avec elle :

– **mi piace ascoltarvi**, *j'aime vous écouter* ;
– **l'ho visto andandoci**, *je l'ai vu en y allant* ;
– **ascoltami bene**, *écoute-moi bien.*

- Quand le verbe est formé d'une seule syllabe, le pronom (sauf **gli**) redouble sa première consonne :

– **vacci**, *vas-y.*

6 Formez un seul mot avec le verbe et le pronom personnel (ou son substitut) entre parenthèses, selon l'exemple.

Exemple : È sempre utile (parlare – di questo) → È sempre utile *parlarne.*

a. Mi sarebbe piaciuto **(dire – a lui)** quello che penso.
→ ....

b. Ho sempre desiderato **(andare – là)**.
→ ....

c. **(Fate – a me)** questo piacere, vi prego !
→ ....

d. Proporremo di **(nominare – lei)** presidentessa.
→ ....

e. **(Raccontando – a noi)** il fatto, piangeva.
→ ....

f. **(Detto – a lui)** questo, se n'è andato subito.
→ ....

g. **(Fa' – a lei)** vedere in che cosa consiste quel lavoro.
→ ....

h. **(Di' – a lui)** a che ora deve essere qui.
→ ....

i. È stata convocata dall'associazione ogni persona **(facente parte – dell'associazione)**.
→ ....
....

j. Puoi passare di qua **(andando – lui)** a prendere ?
→ ....

Un pronom, deux verbes

- Quand un pronom personnel accompagne un verbe à l'infinitif qui dépend à son tour d'un verbe semi-auxiliaire conjugué, il peut être placé soit avant le verbe conjugué, soit accroché à l'infinitif.
  Exemple : **ti devo parlare** ou **devo parlarti**.
- Dans les temps composés avec les verbes demandant l'auxiliaire **essere**, si le pronom précède le semi-auxiliaire, l'auxiliaire est **essere** ; s'il est accroché à l'infinitif, l'auxiliaire est **avere**.
  Exemple : **abbiamo saputo andarci** ou **ci siamo saputi andare.**

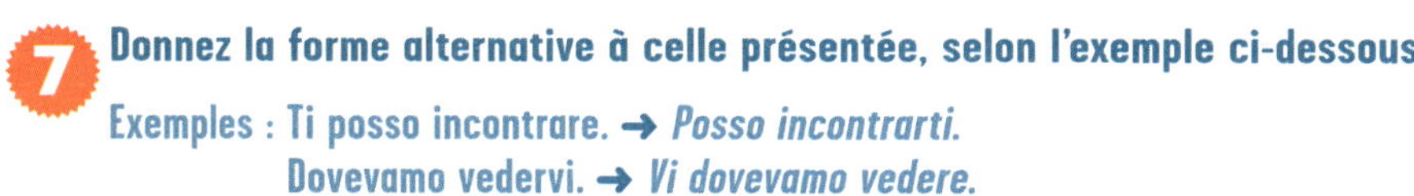

7 Donnez la forme alternative à celle présentée, selon l'exemple ci-dessous.

Exemples : Ti posso incontrare. → *Posso incontrarti.*
Dovevamo vedervi. → *Vi dovevamo vedere.*

a. Ci siete dovuti tornare. → ....

b. Ho voluto farlo. → ....

c. Mi avresti dovuto avvertire. → ....

d. Li sapremo persuadere. → ....

e. Non vorrei deludervi. → ....

f. Non ci siamo saputi andare. → ....

g. Non hanno voluto saperne. → ....

h. Volevano incontrarli. → ....

Pronoms personnels groupés

- Les formes faibles peuvent être associées, et dans ce cas le **i** final devient **e**, en formant un nouveau pronom de la manière suivante :

mi	+	lo, la, li, le, ne	=	me lo, me la, me li, me le , me ne
ti	+	lo, la, li, le, ne	=	te lo, te la, te li, te le, te ne
gli, le	+	lo, la, li, le, ne	=	glielo, gliela, glieli, gliele, gliene
ci	+	lo, la, li, le, ne	=	ce lo, ce le, ce li, ce le, ce ne
vi	+	lo, la, li, le, ne	=	ve lo, ve la, ve li, ve le, ve ne
gli (pluriel)	+	lo, la, li, le, ne	=	glielo, gliela, glieli, gliele, gliene

Exemple : **glielo diremo,** *nous le lui (ou le leur) dirons.*

8 Traduisez en italien.

a. Nous vous en parlerion.

➜ ....

b. Ils le leur ont proposé.

➜ ....

c. Ils nous le feront voir.

➜ ....

d. Vous nous l'achèterez.

➜ ....

e. Le lui as-tu dit ?

➜ ....

f. Nous nous en irons.

➜ ....

g. Ils lui en ont parlé.

➜ ....

h. Ils nous en ont fait voir de toutes les couleurs !

➜ ....

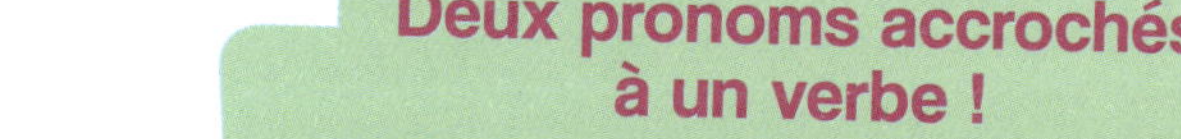

Deux pronoms accrochés à un verbe !

Comme les pronoms simples, les pronoms groupés s'accrochent à la fin de l'infinitif, de l'impératif, du gérondif, du participe présent et du participe passé en formant un seul mot avec le verbe.

Exemple :

Signor Rossi, sono venuta per parlargliene, *Monsieur Rossi, je suis venue pour vous en parler.*

Diccelo subito, *dis-le-nous tout de suite.*

9 Groupez les pronoms et accrochez-les aux verbes selon l'exemple ci-dessous.

Exemple : Per favore, fate vedere *(questo – a noi)* ➜ Per favore, *fatecelo vedere.*

a. Non dite **(questo – a me)** ! ➜ ....

b. Parla **(a lui – di questo)** ! ➜ ....

c. Siamo andati a comprare **(a loro – questo)**. ➜ ....

d. Non vorrei mai privare **(te – di questo)**. ➜ ....

e. Lo fai soffrire, dicendo **(questo – a lui)**. ➜ ....

f. Fate **(questo – a lui)** vedere. ➜ ....

g. Accompagnando **(lei – là)**, passi di qui ? ➜ ....

Bravo, vous êtes venu à bout du chapitre 11 ! Il est maintenant temps de comptabiliser les icônes et de reporter le résultat en page 128 pour l'évaluation finale.

Pronoms relatifs et interrogatifs

Les pronoms relatifs

Formes brèves (invariables)	Formes longues
che (sujet et C.O.D.)	**il quale** (masc. sing.), **la quale** (fém. sing.) **i quali** (masc. plur.), **le quali** (fém. plur.) (sujet et C.O.D.)
cui (précédé d'une préposition, pour tous les autres compléments)	Mêmes formes, précédées d'une préposition, avec laquelle elles forment un article contracté, pour tous les autres compléments

- Exemples :
  la persona che ho vista ieri ou **la persona la quale ho vista ieri** ;
  la persona che verrà domani ou **la persona la quale verrà domani** ;
  la persona di cui ti ho parlato ou **la persona della quale ti ho parlato** ;
  la persona a cui ho parlato ou **la persona alla quale ho parlato** ; etc.
- Les formes brèves sont sans aucun doute les plus utilisées dans la langue parlée courante, particulièrement en fonction de sujet et de C.O.D.
- Quand **cui** n'est pas précédé d'une préposition, il faut sous-entendre la préposition **a** : **la persona cui parlavi → la persona a cui parlavi**, bien que la première tournure soit assez rare aujourd'hui.

1 Remplacez la forme longue du pronom relatif par la forme brève ou vice versa, selon le cas.

a. La poesia della quale ti abbiamo parlato è di Giacomo Leopardi.

→ ....

b. Verranno alla festa anche Maria e Carlo, che mi hanno assicurato che sono impazienti di conoscerti.

→ ....

c. Vorrei presentarti il mio fidanzato, il quale si sta per laureare in ingegneria.

→ ....

d. Non trovo più il libro nel cassetto nel quale l'avevo messo ieri.

→ ....

e. Il direttore ha detto che gli impiegati che non consegneranno la relazione non avranno l'aumento di stipendio.

➜ ....

f. La persona per la quale sono venuto fin qui è già andata via.

➜ ....

g. Vorrei incontrare la sua collega con cui ho parlato ieri sera al telefono.

➜ ....

h. La casa in cui abitavamo da piccoli non esiste più.

➜ ....

i. Hai visto il foglio sul quale avevo scritto il suo numero di telefono ?

06 17 55 81 44

➜ ....

j. Ho letto il libro di cui mi hai raccontato la trama la settimana scorsa.

➜ ....

2 Complétez avec le pronom relatif (forme brève) précédé de la préposition adéquate.

a. Vi darò tutte le informazioni .... avete bisogno.

b. In vacanza ho conosciuto dei ragazzi .... mi trovo molto bene.

c. Ci piace molto la città .... viviamo.

d. Non riesco a capire la ragione .... si è comportato così.

e. Il funzionario .... avete dato quel documento oggi è assente.

f. La montagna .... siamo saliti è la più alta della regione.

g. Non mi ha voluto dire la ragione .... se n'è andato.

h. Siete soddisfatti della scuola .... vi siete iscritti ?

i. Mi piacerebbe visitare la regione .... mi avete tanto parlato.

j. Il ragazzo .... vivo si chiama Davide.

3 À partir des deux phrases présentées, formez-en une seule à l'aide du pronom relatif, selon l'exemple.

Exemple : Penso spesso a quell'amico. Con lui sono andato in vacanza l'anno scorso.
→ Penso spesso a quell'amico *con cui (con il quale)* sono andato in vacanza l'anno scorso.

a. Abbiamo incontrato ieri Carla. Ci avevate parlato di lei.

→ ....

b. Mio fratello sta leggendo un libro. Marco gliel'ha consigliato.

→ ....

c. Filippo è un ragazzo simpatico. Con lui vado molto d'accordo.

→ ....

d. Abito in un bel quartiere. Dal mio quartiere si arriva in centro in pochi minuti.

→ ....

e. Mi ha spiegato il problema. Per questo problema se n'è andato.

→ ....

f. Ho visitato una città. Non ero mai stato in questa città.

→ ....

g. Ho letto un libro. Da questo libro è stato tratto l'ultimo film del mio regista preferito.

→ ....

h. Ti presteremo quel libro. Su quel libro abbiamo preparato l'esame di storia.

→ ....

Tournures particulières

• La tournure française *dont* + article défini se traduit en italien par l'article défini + **cui** :

L'impresa la cui serietà è riconosciuta ed apprezzata da tutti, *l'entreprise dont le sérieux est reconnu et apprécié par tout le monde.*

• La tournure française *ce qui* se traduit par **il che** :

Tutti i colleghi mi hanno manifestato la loro solidarietà, il che mi ha fatto un gran piacere, *tous les collègues m'ont manifesté leur solidarité, ce qui m'a fait grand plaisir.*

4 Traduisez en italien.

a. Le camarade dont le père est si sévère était bien triste ce matin.

→ ……………………………………………………………………

b. Mes amis m'ont souhaité bon anniversaire, ce qui m'a rempli de joie.

→ ……………………………………………………………………

c. Nous avons dû payer une grosse somme, ce qui ne nous a pas vraiment enrichis...

→ ……………………………………………………………………

d. Le client dont la voiture est garée en face du portail est prié de la déplacer.

→ ……………………………………………………………………

e. L'auteur dont le livre a gagné le premier prix était à la télévision hier soir.

→ ……………………………………………………………………

f. J'ai enfin acheté la voiture dont je t'ai tant parlé.

→ ……………………………………………………………………

g. Demande-lui ce dont tu as besoin.

→ ……………………………………………………………………

h. Mon entreprise est en crise, ce qui me préoccupe beaucoup.

→ ……………………………………………………………………

i. Ils auraient voulu aller en vacances dans cet endroit dont tout le monde parle.

→ ……………………………………………………………………

j. La personne dont la voiture est garée devant la porte est priée de l'enlever.

→ ……………………………………………………………………

Les pronoms interrogatifs

chi (pour les personnes)
che, **che cosa** (neutre, pour les choses)
quale (masc. et fém. sing.), **quali** (masc. et fém. plur.) – personnes et choses
quanto (masc. sing.), **quanta** (fém. sing.), **quanti** (masc. plur.), **quante** (fém. plur.) – pour les quantités, prix, etc.

5 Complétez avec le pronom interrogatif adéquat, selon le sens de la phrase.

a. .... hai invitato alla cena di domani ?

b. Dei libri che ti ho regalato, ... preferisci ?

c. .... vuoi mangiare per pranzo ?

d. .... guadagni al mese di stipendio ?

e. .... fai stasera ?

f. .... avete speso al ristorante ?

g. A .... hai telefonato ?

h. Per .... ha votato ?

i. Con .... uscirete domani sera ?

j. .... regalerai a Silvio per il suo compleanno ?

Des pronoms qui deviennent des adjectifs... et vice versa !

• Les mêmes formes (sauf **chi**), suivies d'un nom, sont également des adjectifs interrogatifs :

che (ou **quale**) **macchina hai ?**, *quelle voiture as-tu ?*

6 Complétez avec l'adjectif interrogatif adéquat, selon le sens de la phrase.

a. .... volte ti devo dire di non telefonarmi a quest'ora ?

b. .... giorni pensate di assentarvi ?

c. .... lavoro vorresti fare da grande ?

d. Mi chiedo .... pretesto userà questa volta per giustificare il proprio ritardo.

e. Mi piace molto quel vestito. Chissà .... prezzo avrà ?

f. Per .... ditta lavora ?

g. Con .... vestito andrai alla festa di Gina ?

h. Con .... minuti di ritardo arriverà il nostro treno ?

i. .... sport pratica tuo figlio ?

j. In .... sezione è a scuola tua sorella ?

Des interrogatifs... exclamatifs !

Toutes ces formes peuvent être également utilisées dans des phrases exclamatives.

Exemple : **Che macchina !**, *Quelle voiture !*
Che sciocchezza hai detto !, *Quelle sottise as-tu dite !*
Quanta gente !, *Que de monde !*

7 Complétez avec l'adjectif ou le pronom interrogatif ou exclamatif adéquat, selon le sens de la phrase.

a. Ieri mi hai chiesto di portarti delle uova ; .... te ne servono ?

b. .... ti ha detto di aprire quella porta ?

c. Abbiamo lavorato dieci ore di fila ; .... fatica !

d. .... compagni simpatici che hai !

e. Hai assaggiato i dolci che ha preparato Luisa ? .... preferisci ?

f. .... buone cose da mangiare hai sulla tua tavola !

g. .... bella ragazza !

h. .... ora è ?

i. .... anni hai ?

j. A .... ora parte il treno ?

8 Complétez avec l'adjectif ou le pronom interrogatif ou exclamatif adéquat, selon le sens de la phrase.

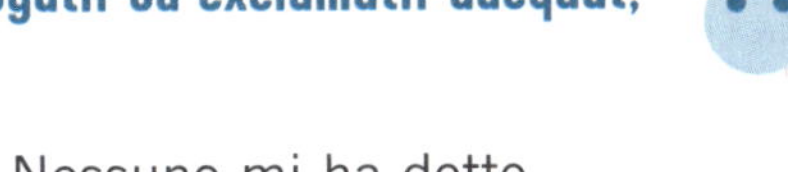

a. Vorrei sapere .... hai intenzione di fare : .... tempo rimarrai qui ?

b. In quel momento mi sono reso conto di .... conseguenze avrebbe avuto la mia decisione : a .... avrei potuto chiedere un consiglio ?

c. Ci siamo chiesti .... aveva potuto fare una cosa simile e per .... motivo.

d. Con .... stavi parlando ?

e. Nessuno mi ha detto .... panini dovevo preparare, allora ne ho fatti sei : .... viene in gita con noi ?

f. .... gente c'è oggi in piazza !

g. .... soldi devo portare in gita ?

h. Con .... macchina vieni ?

i. Non ho voluto sapere per .... ragione si è comportato così.

j. In .... località andrete in vacanza ?

Bravo, vous êtes venu à bout du chapitre 12 ! Il est maintenant temps de comptabiliser les icônes et de reporter le résultat en page 128 pour l'évaluation finale.

L'impératif et la forme de politesse

Les formes de l'impératif

Verbes en –ARE *parlare*		Verbes en –ERE *credere*		Verbes en –IRE			
				finire		*partire*	
Forme affirmative	Forme négative	Forme affirmative	Forme négative	Forme affirmative	Forme négative	Forme affirmative	Forme négative
parl**a**	non parlare	cred**i**	non credere	fini**sci**	non finire	part**i**	non partire
parl**iamo**	non parl**iamo**	cred**iamo**	non cred**iamo**	fin**iamo**	non fin**iamo**	part**iamo**	non part**iamo**
parl**ate**	non parl**ate**	cred**ete**	non cred**ete**	fin**ite**	non fin**ite**	part**ite**	non part**ite**

Verbe *ESSERE*		Verbe *AVERE*	
Forme affirmative	Forme négative	Forme affirmative	Forme négative
sii	non essere	abbi	non avere
siamo	non siamo	abbiamo	non abbiamo
siate	non siate	abbiate	non abbiate

Les verbes irréguliers construisent leur impératif sur le présent de l'indicatif : impératif de **bere** : **bevi**, **beviamo**, **bevete**.

1 Transformez la phrase en utilisant l'impératif selon l'exemple.

Exemple : Devi parlare. → *Parla !*

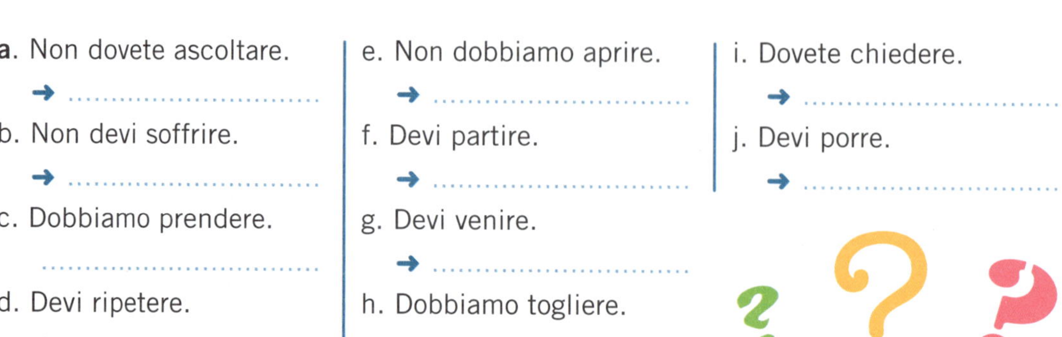

a. Non dovete ascoltare.
→ ....

b. Non devi soffrire.
→ ....

c. Dobbiamo prendere.
....

d. Devi ripetere.
→ ....

e. Non dobbiamo aprire.
→ ....

f. Devi partire.
→ ....

g. Devi venire.
→ ....

h. Dobbiamo togliere.
→ ....

i. Dovete chiedere.
→ ....

j. Devi porre.
→ ....

 **Traduisez en italien.** 

a. Ne prends pas froid !

➜ ....

b. N'allez pas si vite !

➜ ....

c. Mange ta pizza !

➜ ....

d. Aie confiance !

➜ ....

e. Soyez à l'heure !

➜ ....

f. Bois beaucoup d'eau !

➜ ....

g. Viens avec moi !

➜ ....

h. Sois gentil !

➜ ....

i. Travaillez bien !

➜ ....

j. Dormons peu de temps !

➜ ....

Impératifs monosyllabiques

La deuxième personne du singulier de l'impératif de certains verbes est monosyllabique et prend une apostrophe :

andare ➜ va' **dare ➜ da'**
fare ➜ fa' **stare ➜ sta'**
dire ➜ di'

L'impératif avec les pronoms personnels compléments

- À la forme affirmative, les pronoms personnels, simples et groupés, s'accrochent à la fin de l'impératif et forment un seul mot avec lui (la place de l'accent tonique ne change pas) :

  – **parlamene !**, *parle-m'en !* – **accompagnacela !**, *accompagne-l'y !*

- À la forme négative, ces pronoms peuvent suivre cette règle ou rester avant le verbe :

  – **non parlatemene !** ou bien **non me ne parlate !**, *ne m'en parlez pas !*
  – **non dirglielo !** ou bien **non glielo dire !**, *ne le lui dis pas !*

- Quand le pronom personnel complément s'accroche à la fin d'un impératif monosyllabique, il redouble sa première consonne :

  – **vacci !**, *vas-y.* – **fallo !**, *fais-le.*

3 Traduisez en italien.

a. Apportez-le-leur immédiatement !

➜ ....

b. Ne le lui explique pas !

➜ ....

c. Racontez-le-nous !

➜ ....

d. Donne-m'en deux !

➜ ....

e. Jure-le-moi !

➜ ....

f. Fais-le-nous !

➜ ....

g. Achetons-les-leur !

➜ ....

h. Lisez-le-nous !

➜ ....

i. Donnez-le-lui !

➜ ....

j. Restes-y !

➜ ....

4 Transformez la phrase selon l'exemple, en formant un seul mot avec verbe et pronoms personnels compléments.

Exemple : Dite – a noi – ciò ! ➜ *Ditecelo !*

a. Mostra – a noi – quelle foto ! ➜ ....

b. Racconta – a lei – quelle storie ! ➜ ....

c. Accompagna – lui – alla stazione ! ➜ ....

d. Di' – a noi – ciò ! ➜ ....

e. Sta' – a casa tua ! ➜ ....

f. Va' a prendere – a me – quella cosa ! ➜ ....

g. Dite – a noi – la vostra versione ! ➜ ....

h. Paga – a loro – il panino ! ➜ ....

i. Compriamo – a lei – quei libri ! ➜ ....

j. Portate – a loro – la merenda ! ➜ ....

La troisième personne de politesse

- Les formules de politesse se forment avec la 3e personne du singulier au féminin, **Lei** correspondant à un ancien **Vossignoria**, **Votre Seigneurie**. Parfois cette formule est également utilisée au pluriel, quand l'on s'adresse à plusieurs personnes que l'on vouvoie, bien que cette dernière forme, réservée à des contextes très formels, soit assez rare aujourd'hui :

– **Buongiorno, signore, che cosa desidera ?**
– **Buongiorno, signori, che cosa desiderano ?**

- Les pronoms personnels compléments s'accordent au féminin, alors que le participe passé, dans les formes composées, s'accorde avec le genre réel de la personne :

– **Buongiorno, signore, sono felice di vederla.**
– **Buongiorno, signora, sono felice di vederla.**
– **Mi scusi, signore, non l'avevo visto.**
– **Mi scusi, signora, non l'avevo vista.**

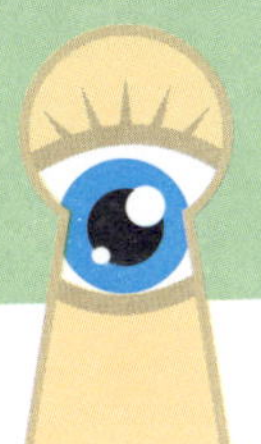

5 Traduisez en italien en utilisant la forme de politesse.

a. Excusez-moi, madame, j'aurais besoin de vous voir demain.
➜ ....

b. Monsieur, nous étions venus vous les apporter.
➜ ....

c. Docteur, vous m'aviez promis que vous me recevriez ce matin.
➜ ....

d. Nous vous avions demandé de nous répondre au plus vite.
➜ ....

e. Je vous l'avais dit, mais vous avez refusé de m'écouter.
➜ ....

f. Messieurs, voulez-vous me donner vos manteaux, s'il vous plaît ?
➜ ....

g. Madame, je vous l'ai apporté, comme vous m'aviez demandé.
➜ ....

h. Monsieur le directeur, je vous prie de m'excuser pour mon retard.
➜ ....

i. Excusez-moi, madame, je ne vous avais pas entendue.
➜ ....

6 Remplacez le tutoiement par la formule de politesse selon l'exemple. • •

Exemple : Ti ho avvertito che c'era un problema, ma tu non ti sei accorto di niente.
→ *L'ho* avvertito che c'era un problema, ma *Lei* non *si* è accorto di niente.

a. Te l'avrei portato prima, ma non avendoti sentito al telefono, ho pensato che non eri in casa.

→ ....

....

....

b. Non te la devi prendere con me se non te l'ho detto : Carlo mi ha chiesto di non avvertirti perché voleva farti una sorpresa.

→ ....

....

....

c. Scusa, ti chiedo un'informazione perché mi sono perso : mi sai indicare dove si trova via Garibaldi ?

→ ....

....

....

d. Se sai giocare a tennis, la settimana prossima ti invito a casa e giocherai con me e con i miei amici.

→ ....

....

....

L'impératif de la forme de politesse

- Il s'agit en réalité d'un subjonctif présent, comme si l'on disait :

  – *Que Votre Seigneurie m'excuse...* : **Mi scusi, signore**.

- Nous aborderons les formes du subjonctif dans le chapitre 15 ; pour l'instant, il suffit de savoir que les désinences de la 3e personne de politesse, toujours construite sur le radical de la 1re personne du présent de l'indicatif, sont **–i** pour les verbes en **–are** et **–a** pour les verbes en **–ere** et en **–ire**.

- La forme négative se forme simplement par la conjonction **non** devant le verbe, devant la préposition si elle accompagne le verbe :

  – **non me lo dica**, *ne me le dites pas*.

- Comme vous pouvez le voir dans la phrase ci-dessus – puisque, du point de vue morphologique, il ne s'agit pas d'un impératif, même s'il en a la valeur –, les pronoms personnels ne s'accrochent pas à la fin du verbe, mais restent devant lui :

  – **glielo faccia**, *faites-le-lui*.

- Ce qui est également valable pour les formes réfléchies et pronominales :

  – **si vesta**, *habillez-vous*. – **si vergogni**, *ayez honte (honte à vous)*.

7 Traduisez en italien.

a. Entrez, madame, je vous attendais.

→ ....

b. Ne croyez pas à tout ce qu'on vous raconte.

→ ....

c. Téléphonez-lui à 15 heures.

→ ....

d. Suivez-moi, je vous montrerai votre chambre.

→ ....

e. Ne le lui racontez pas, si vous tenez à votre amitié.

→ ....

f. Allez-y tout de suite, Madame, si vous y tenez vraiment.

→ ....

g. Achetez-le, vous en serez satisfait.

→ ....

h. Enlevez-le, vous aurez chaud ici.

→ ....

i. Réveillez-vous, monsieur, vous êtes arrivé.

→ ....

j. Mettez-vous plus à droite, je ne vous vois pas.

→ ....

8 Transformez les phrases en utilisant l'impératif de la forme de politesse, selon l'exemple.

Exemple : Signora, lei deve credermi e fare quello che le dico.
→ Signora, *mi creda e faccia* quello che le dico.

a. Dottore, deve prescrivermi una medicina efficace e guarirmi al più presto.

→ ....

b. Signorina, deve andare a prendere i verbali della riunione e archiviarli.

→ ....

c. Signor Rossi, deve venire da me e raccontarmi tutto.

→ ....

d. Direttore, deve ascoltarci e prendere una decisione equa.

→ ....

Bravo, vous êtes venu à bout du chapitre 13 ! Il est maintenant temps de comptabiliser les icônes et de reporter le résultat en page 128 pour l'évaluation finale.

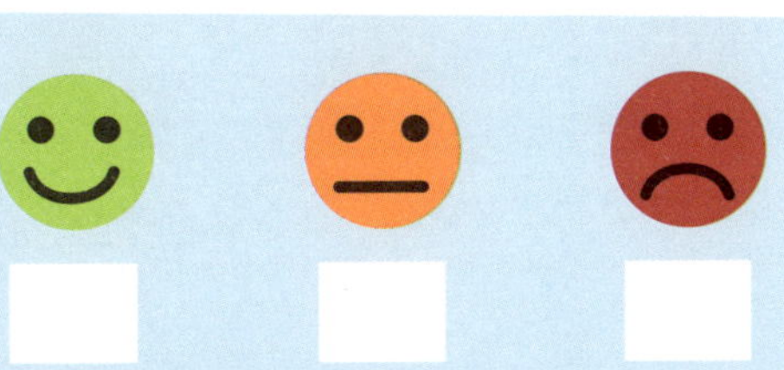

Les formes verbales indéfinies : infinitif, participes présent et passé, gérondif

Les deux temps de l'infinitif

- L'infinitif peut être présent (forme simple, **parlare**) ou passé (forme composée, **avere parlato**).
- Dans les propositions complétives, on utilise l'un ou l'autre, selon la relation temporelle avec la proposition principale : **Penso di essere troppo distratto**, *je pense être trop distrait* ; **penso di essere stato troppo distratto**, *je pense avoir été trop distrait.*

1 Complétez avec l'infinitif des verbes *avere* ou *essere* au présent ou au passé.

a. Carlo e Luisa mi hanno raccontato di .... a Napoli l'anno scorso.

b. Mi ha detto di non .... mai un cane.

c. Non ti preoccupare, devi .... fiducia in me !

d. A volte temo di non .... abbastanza gentile con la gente.

e. Vedendo la sua reazione, quel giorno ho temuto di non .... abbastanza gentile con lei.

f. Penso di .... tanta fortuna nella mia vita.

g. Ho paura di non .... all'altezza di quel lavoro domattina.

h. Ho paura di non .... all'altezza di quel lavoro la settimana scorsa.

2 Dans les phrases suivantes, remplacez le verbe conjugué avec un infinitif, selon l'exemple.

SARDEGNA

Exemple : Abbiamo deciso che passeremo le vacanze in Sardegna l'estate prossima.
→ Abbiamo deciso *di passare* le vacanze in Sardegna l'estate prossima.

a. Dopo che avrai finito i compiti, potrai fare la merenda.

→ ....

b. Siamo passati con il semaforo rosso senza che ce ne accorgessimo.

→ ....

c. Deve mettere tutto in ordine prima che parta.

→ ....

d. Comincerete le lezioni dopo che avrete compilato il modulo d'iscrizione.

➜ ....

e. Era così stanco che non riusciva a stare sveglio.

➜ ....

f. Prendiamo la macchina perché arriviamo prima.

➜ ....

g. Dopo che aveva finito di mangiare, fece un discorso.

➜ ....

h. Dopo che siamo arrivati a Roma, siamo andati a cercare un albergo.

➜ ....

L'infinitif dans le discours indirect

L'infinitif est souvent utilisé pour rapporter les mots de quelqu'un, aussi bien un ordre, une question ou un récit, dans un discours indirect :

Il direttore mi ha detto : « Se ne vada ! » ➜ Il direttore mi ha detto *di andarmene*.

3 Transformez le discours direct en indirect en utilisant l'infinitif, comme dans l'exemple ci-dessus.

a. Carla mi ha detto : « Portamelo subito ! »

➜ ....

b. Il direttore gli ha detto : « Se ne vada ! »

➜ ....

c. Il medico si è raccomandato : « Stia a riposo per almeno una settimana ! »

➜ ....

d. Il professore ci ha detto : « Uscite in silenzio ! »

➜ ....

e. Filippo mi ha promesso : « Tornerò alle nove. »

➜ ....

f. Mia sorella mi ha detto : « Ho cambiato casa. »

➜ ....

Emploi du gérondif

- Comme en français, le gérondif, qui a lui aussi une forme simple **(scrivendo)** et une forme composée (**avendo scritto**), est utilisé pour exprimer :

  – la simultanéité temporelle : **leggendo, ascolto musica** ;
  – la cause : **avendo speso molto denaro in vacanza, ora sono al verde** ;
  – le moyen : **sbagliando s'impara**.

- Le sujet du gérondif est toujours le même que celui de la proposition principale dont il dépend :

  Ho incontrato Giuseppe uscendo dall'ospedale, *en sortant de l'hôpital, j'ai rencontré Giuseppe.* Si c'est Giuseppe qui sortait d'hôpital, on dira : **ho incontrato Giuseppe mentre** (ou **che**) **usciva dall'ospedale**.

4 **Transformez les phrases suivantes, en remplaçant par un gérondif le verbe introduit par les conjonctions *quando*, *perché*, *poiché*, *mentre*, *se*, comme dans l'exemple.**

Exemple : Se si legge lentamente, si capisce meglio → *Leggendo* lentamente, si capisce meglio.

a. Mentre aprivo la porta, ho sentito suonare il telefono.

→ ....

b. Se tornate troppo tardi, troverete il portone chiuso.

→ ....

c. Ha bisogno di un certificato medico, perché deve fare gare sportive.

→ ....

d. È caduto mentre giocava nel cortile.

→ ....

e. Si ottengono buoni risultati solo se ci si impegna.

→ ....

f. Mentre andavo in centro, ho incontrato Claudio.

→ ....

g. Quando si lavora troppo, ci si stanca.

→ ....

h. Se si studia si è promossi.

→ ....

5 **Et maintenant, faites le contraire : passez du gérondif à la forme conjuguée précédée de la conjonction adéquate.**

Exemple : Avendo dimenticato le chiavi, ho dovuto aspettarti fuori dalla porta.
→ *Poiché avevo* dimenticato le chiavi, ho dovuto aspettarti fuori dalla porta.

a. Si è fatto male lavorando nel suo giardino.

→ ....

b. Non sapendo usare il computer, si deve fare aiutare da me.

→ ....

c. Comportandoti così, ti metterai tutti contro.

→ ....

d. Avendone i mezzi, compreremo una lavatrice nuova.

→ ....

e. Non andando mai all'estero, conosce solo il modo di vita italiano.

→ ....

f. Andando in centro, ho incontrato Claudio.

→ ....

g. Lavorando bene, otterrai una promozione.

→ ....

h. Essendo in vacanza in Italia, abbiamo visto tanti bei monumenti.

→ ....

....

i. Abitando in centro, si hanno tante comodità.

→ ....

....

j. Non vedendoci bene, devo portare gli occhiali quando guido.

→ ....

....

Le participe présent

- D'usage assez rare en tant que forme verbale (il est le plus souvent devenu un adjectif : **una persona ignorante** ; ou un nom : **il presidente della repubblica**), il remplace le plus souvent une proposition relative : **Una tomba risalente** (**→ che risale**) **al I° secolo dopo Cristo**.
- Les désinences sont **–ante** pour les verbes en **–are**, **–ente** pour les verbes en **–ere** et en **–ire**.

6 **Remplacez les participes présents par des propositions relatives, comme dans l'exemple.**

Exemple : Il quadro raffigurante una città medievale è il più bello della mostra.
➜ Il quadro *che raffigura* una città medievale è il più bello della mostra.

a. Il treno proveniente da Roma è in arrivo al binario sei.

➜ ....

....

b. Per iscriversi ai corsi di tennis è necessario un certificato medico comprovante una sana costituzione fisica.

➜ ....

....

....

c. Il ritiro si svolgerà nei giorni immediatamente precedenti la Pasqua.

➜ ....

....

d. Le verrà consegnata una busta contenente i documenti necessari.

➜ ....

....

e. Si è comprata un vestito di un colore blu tendente al verde.

➜ ....

....

f. Ho scelto un modello di macchina equivalente a quello che avevo prima.

➜ ....

....

....

Le participe passé

Le participe passé (**–ato** pour les verbes en **–are**, **–uto** pour les verbes en **–ere**, **–ito** pour ceux en **–ire**) est principalement utilisé dans la formation des temps composés. Profitons-en pour réviser un peu ceux-ci !

7 **Conjuguez les verbes indiqués entre parenthèses aux temps composés et aux modes adéquats.**

a. Conoscendovi, non immaginavamo che .... **(arrivare)** così presto.

b. Dopo che .... **(prendere)** la patente, potrai guidare quanto vuoi.

c. Quando mi sono trasferito qui, non .... **(accorgersi)** che in questo quartiere non passava l'autobus.

d. Non .... **(accendere)** la luce, sono inciampato e sono caduto per terra.

e. Quando li .... **(conoscere)**, non mi sembravano così presuntuosi.

f. Da quando è cominciato il campionato, la mia squadra .... **(vincere)** tutte le partite.

L'accord du participe passé

- Dans les temps composés, le participe passé ne s'accorde pas avec le sujet si l'auxiliaire est **avere** ; il s'accorde toujours si l'auxiliaire est **essere**, comme en français.
- Avec les verbes réfléchis et pronominaux, il s'accorde toujours avec le sujet, même quand le pronom réfléchi n'est pas le complément d'objet direct : **Luisa si è accorta di avere fatto un errore**, *Luisa s'est aperçue qu'elle a fait une erreur.*
- Avec l'auxiliaire **avere**, il ne s'accorde en aucun cas avec le complément d'objet direct représenté par un nom situé après le verbe : **ho mangiato il pane**, **ho mangiato la frutta**.
- Le participe passé s'accorde toujours avec le C.O.D. qui le précède, bien que cet accord soit facultatif avec le pronom relatif **che** et avec les formes faibles des pronoms personnels **mi**, **ti**, **ci** et **vi**. En revanche, il est obligatoire avec **ne** : **di spaghetti**, **ne ho mangiati tanti**.

8 **Traduisez en italien.** 

a. Ma sœur est tombée et s'est fait mal à une jambe.

➜ ....

b. Ils se sont fait élire président et vice-président.

➜ ....

c. J'ai tellement aimé ce livre que j'en ai acheté deux exemplaires pour les offrir.

➜ ....

d. Maria et Luisa, nous les avons vues mais elles ne nous ont pas salués.

➜ ....

e. Nous avons allumé la lumière et nous avons tout vu.

➜ ....

f. Nous nous sommes levées de bonne heure et nous sommes parties.

➜ ....

Bravo, vous êtes venu à bout du chapitre 14 ! Il est maintenant temps de comptabiliser les icônes et de reporter le résultat en page 128 pour l'évaluation finale.

Le subjonctif

Le subjonctif

Subjonctif présent	–ARE	–ERE	–IRE (*finire*)	–IRE (*offrire*)
che io	–i	–a	–isc-a	–a
che tu	–i	–a	–isc-a	–a
che lui, che lei	–i	–a	–isc-a	–a
che noi	–iamo	–iamo	–iamo	–iamo
che voi	–iate	–iate	–iate	–iate
che loro	–ino	–ano	–isc-ano	–ano

Subjonctif imparfait	–ARE	–ERE	–IRE (*finire*) –IRE (*offrire*)
che io	–assi	–essi	–issi
che tu	–assi	–essi	–issi
che lui, che lei	–asse	–esse	–isse
che noi	–assimo	–essimo	–issimo
che voi	–aste	–este	–iste
che loro	–assero	–essero	–issero

Subjonctif présent	*ESSERE*	*AVERE*
che io	sia	abbia
che tu	sia	abbia
che lui, che lei	sia	abbia
che noi	siamo	abbiamo
che voi	siate	abbiate
che loro	siano	abbiano

Subjonctif imparfait	*ESSERE*	*AVERE*
che io	fossi	avessi
che tu	fossi	avessi
che lui, che lei	fosse	avesse
che noi	fossimo	avessimo
che voi	foste	aveste
che loro	fossero	avessero

- Les temps composés, passé (**che io abbia mangiato**, **che io sia andato**, etc.) et plus-que-parfait (**che io avessi mangiato**, etc.) se forment normalement avec le subjonctif présent ou imparfait de l'auxiliaire et le participe passé du verbe à conjuguer.
- En ce qui concerne les verbes irréguliers, en général, au présent, les 1re, 2e, 3e personnes du singulier et la 3e personne du pluriel se forment sur le radical de la 1re personne du singulier du présent de l'indicatif (présent de l'indicatif de **andare → vado**, présent du subjonctif **che io vada**, etc. ; présent de l'indicatif de **venire → vengo** ; présent du subjonctif **che io venga**, etc.), alors que les 1re et 2e personnes du pluriel sont régulières. L'imparfait du subjonctif, comme l'imparfait de l'indicatif, est toujours régulier.

1 Complétez avec le subjonctif présent du verbe entre parenthèses.

a. Credo che tu .... **(avere)** qualcosa da nasconderci.
b. È necessario che voi .... **(venire)** con noi.
c. Il nostro professore pretende che .... **(noi-studiare)** tre ore al giorno.
d. Sono contento che nostro figlio .... **(essere)** studioso e diligente.
e. Non mi sembra possibile che io .... **(partire)** tra dieci minuti.
f. Voglio che tu .... **(lavorare)** nel mio ufficio.
g. Preferisco che Lei .... **(stare)** con me.

2 Maintenant, tournez les phrases de l'exercice précédent au passé, en transformant le présent de l'indicatif en indicatif imparfait, et le subjonctif présent en subjonctif imparfait.

Exemple : Credo che tu sia buono. → *Credevo* che tu *fossi* buono.

a. → ....
b. → ....
c. → ....
d. → ....
e. → ....
f. → ....
g. → ....

3 Complétez avec le subjonctif présent des verbes en *–are* indiqués entre parenthèses.

a. Penso che tu .... **(cantare)** molto bene.
b. È necessario che due insegnanti .... **(accompagnare)** i ragazzi in gita.
c. È meglio che voi .... **(portare)** l'ombrello.
d. Mettete in ordine prima che io .... **(ritornare)**.
e. Credo che Luisa .... **(mangiare)** troppi dolci.
f. Spero che Carlo lo .... **(guardare)** con attenzione.
g. Mi auguro che voi ci .... **(pensare)** bene prima di agire.
h. Trovate che io .... **(parlare)** troppo ?

4 Complétez avec le subjonctif présent des verbes en *–ere* indiqués entre parenthèses.

a. Mi sembra che tu .... **(piangere)** troppo spesso.

b. Non è possibile che voi .... **(credere)** a queste sciocchezze.

c. È meglio che voi .... **(leggere)** di più.

d. È necessario che gli studenti che vogliono uscire prima .... **(chiedere)** il permesso.

e. Mi auguro che Laura .... **(riflettere)** bene prima di decidere.

f. Speriamo che Filippo ci .... **(scrivere)** presto !

g. Vuoi che io te lo .... **(ripetere)** ?

h. Dobbiamo cercare di fare fronte alla situazione prima che .... **(accadere)** qualcosa di più grave.

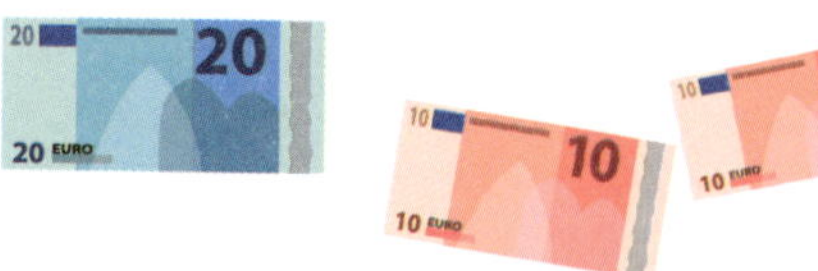

5 Complétez avec le subjonctif présent des verbes en *–ire* indiqués entre parenthèses.

a. È meglio che tu non .... **(aprire)** la porta quando sei sola in casa.

b. È importante che i ragazzi .... **(dormire)** almeno otto ore.

c. Mi sembra che Cinzia .... **(sentire)** molto la mancanza di suo fratello.

d. Pretendo che voi .... **(pulire)** tutto e subito.

e. Mi sembra che il treno .... **(partire)** alle dodici e trenta.

f. Il maestro vuole che gli alunni gli .... **(obbedire)** quando dà loro un ordine.

g. Voglio che tu gli .... **(impedire)** di fare una simile sciocchezza.

h. È necessario che le banche .... **(investire)** di più nelle attività industriali.

Emploi du subjonctif

Comme vous avez pu le constater dans les exemples et les exercices précédents, le subjonctif est le mode du « virtuel » par opposition à l'indicatif, mode du réel. Il est donc utilisé pour exprimer une possibilité, un doute, une opinion ou un point de vue personnels, un souhait ou un espoir. On le rencontre donc après des verbes comme **credere**, **pensare**, **dubitare**, **immaginare**, **temere**, **rallegrarsi**, **essere contento**, etc.

6 **Transformez les phrases en passant de l'indicatif au subjonctif, pour exprimer un doute, un souhait, etc., comme dans l'exemple.**

Exemple : Mio fratello ama la matematica. → *Mi sembra che* mio fratello *ami* la matematica.

a. Francesco mangia di tutto.
Mi fa piacere che ....

b. La televisione trasmette la partita in diretta.
Sono contento che ....

c. Andrea ubbidisce ciecamente al suo direttore.
Ho l'impressione che ....

d. In Italia si vive meglio che in molti altri paesi.
Penso che ....

Accord des temps et des modes avec le subjonctif

- On peut résumer l'emploi des temps du subjonctif dans les propositions subordonnées par le tableau suivant :

– **Simultanéité** : l'action de la proposition principale à l'indicatif et celle de la subordonnée au subjonctif sont simultanées ;

– **Antériorité** : l'action de la subordonnée a eu lieu avant celle de la proposition principale.

Prop. principale	Subordonnée	Prop. principale	Subordonnée
Dans le présent			
credo che tu faccia un errore		**credo che tu abbia fatto un errore**	
présent de l'indicatif	*présent du subjonctif*	*présent de l'indicatif*	*subjonctif passé*
je crois que tu fais une erreur		*je crois que tu as fait une erreur*	
Dans le passé			
credevo che tu facessi un errore		**credevo che tu avessi fatto un errore**	
imparfait de l'indicatif (ou autre temps passé)	*subjonctif imparfait*	*imparfait de l'indicatif (ou autre temps passé)*	*subjonctif plus-que parfait*
je croyais que tu faisais une erreur		*je croyais que tu avais fait une erreur*	

- Quand il y a un conditionnel dans la proposition principale, il faut un subjonctif imparfait dans la subordonnée : **Vorrei che tu fossi più buono con i tuoi compagni**.

7 Complétez les phrases suivantes en utilisant le subjonctif passé, comme dans l'exemple.

Exemple : Pensi che io parli in modo chiaro ?
Pensi che ieri io ...... in modo chiaro ?
→ Pensi che ieri io *abbia parlato* in modo chiaro ?

a. Marta teme che io non le creda. Marta teme che ieri io non ....

b. La mamma teme che io mangi troppi dolci. La mamma teme che ieri, alla festa di Luisa, io ....

c. Sperano che partiamo presto. Sperano che stamattina ....

d. Sono contento che tu venga a trovarmi. Sono contento che ieri tu ....

8 Complétez avec le subjonctif imparfait des verbes en *–are* indiqués entre parenthèses.

a. Temevo che tu .... **(cantare)** male.

b. Era necessario che due insegnanti .... **(accompagnare)** i ragazzi in gita.

c. Bisognava che voi .... **(portare)** l'ombrello.

d. Bravi ! Avete messo tutto in ordine prima che io .... **(ritornare)**.

e. A vederlo così grasso, credevo che .... **(mangiare)** di più.

9 Complétez avec le subjonctif imparfait des verbes en *–ere* indiqués entre parenthèses.

a. Mi sembrava che lei .... **(piangere)** per una cosa da nulla.

b. Mi sembrava incredibile che lui .... **(credere)** a simili sciocchezze.

c. Vorrei che voi .... **(leggere)** di più.

d. Era necessario che Luca e Giovanni .... **(chiedere)** il permesso per uscire prima.

e. Mi raccomandai che Laura .... **(riflettere)** bene prima di prendere una decisione.

f. Pensavo che tu .... **(dovere)** tornare a casa molto prima.

g. Tutti credevano che quell'atleta .... **(potere)** vincere la medaglia d'oro.

h. Credevo che tu .... **(conoscere)** bene i funghi !

10 Complétez avec le subjonctif imparfait des verbes en *–ire* indiqués entre parenthèses.

a. Sarebbe meglio che tu non .... **(aprire)** la porta quando sei solo in casa.

b. Voleva che i suoi figli .... **(dormire)** almeno otto ore per notte.

c. Non mi ricordavo che Cinzia .... **(ubbidire)** tanto a suo marito.

d. Hanno preteso che voi .... **(pulire)** tutto e subito.

e. Vorrei che tu .... **(capire)** il mio punto di vista.

f. Sentendolo lamentarsi tanto, tutti pensavano che .... **(soffrire)**, invece è tutta una finta !

g. Vorrei che domani tu e Marcello .... **(partire)** il più presto possibile.

h. Pensavo che nel sud dell'Italia si .... **(condire)** la pasta con salse molto più saporite.

11 Complétez les phrases suivantes en utilisant le subjonctif plus-que-parfait, comme dans l'exemple.

Exemple : Pensavi che io parlassi in modo chiaro ? Pensavi che il giorno prima io ...... in modo chiaro ?
→ Pensavi che il giorno prima io *avessi parlato* in modo chiaro ?

a. Marta temeva che io non le credessi. Marta temeva che, quando mi aveva raccontato quella storia, io ....

b. La mamma temeva che io mangiassi troppi dolci. Vedendomi arrivare con il mal di pancia, la mamma temeva che alla festa io ....

c. Speravano che partissimo presto. Vedendo che dopo mezzogiorno c'erano state delle code interminabili sull'autostrada, speravano che per evitarle ....

d. Ero contento che tu venissi a trovarmi. Quando te ne sei andato mi sentivo un po' solo ma ero contento che tu ....

Bravo, vous êtes venu à bout du chapitre 15 ! Il est maintenant temps de comptabiliser les icônes et de reporter le résultat en page 128 pour l'évaluation finale.

La phrase hypothétique et autres emplois du subjonctif

Emploi des modes et des temps dans la phrase hypothétique

- **MODE « RÉEL »** (présentation neutre de l'hypothèse, on en indique simplement la condition de réalisation) :

Proposition subordonnée	Proposition principale
Se ti affretti	**arriverai in tempo.**
Présent de l'indicatif	**Indicatif futur (éventuellement présent)**
Si tu te presses	*tu arriveras à temps.*

- **MODE « POTENTIEL »** (nuance de virtualité supplémentaire, on n'est plus bien sûr de sa réalisation...) :

Proposition subordonnée	Proposition principale
Se ti affrettassi	**arriveresti in tempo.**
Subjonctif imparfait	**Conditionnel présent**
Si tu te pressais	*tu arriverais à temps.*

- **MODE « IRRÉEL »**

dans le présent : l'hypothèse est irréalisable :

Proposition subordonnée	Proposition principale
Se io fossi in te	**non accetterei la sua proposta.**
Subjonctif imparfait	**Conditionnel présent**
Si j'étais à ta place	*je n'accepterais pas sa proposition.*

dans le passé : l'hypothèse ne s'est pas réalisée :

Proposition subordonnée	Proposition principale
Se ti fossi affrettato	**saresti arrivato in tempo.**
Subjonctif plus-que-parfait	**Conditionnel passé**
Si tu t'étais pressé	*tu serais arrivé à temps.*

1 Transformez les phrases séparées en une seule phrase hypothétique, selon l'exemple.

Exemple : Parti presto e arriverai puntuale. ➜ *Se parti presto*, arriverai puntuale.
Non mi hai ascoltato e non sei arrivato in tempo. ➜ *Se mi avessi ascoltato, saresti* arrivato in tempo.

a. Studiate le lezioni e sarete promossi.

➜ ....

b. Mangiate poco e non ingrasserete.

➜ ....

c. Il treno è sempre in ritardo e preferiamo prendere la macchina.

➜ ....

....

d. Lavora troppo ed è sempre stanco.

➜ ....

e. Non ha studiato l'inglese e non è potuto andare a lavorare in America.

➜ ....

....

f. Non sei venuta alla festa e hai passato la domenica da sola.

➜ ....

....

g. Non ti sei coperto abbastanza e hai preso il raffreddore.

➜ ....

....

h. Non abbiamo fatto il liceo e non abbiamo imparato il latino.

➜ ....

....

i. Abbi fede e ce la farai.

➜ ....

2 Traduisez en italien.

a. Si tu voulais, tu pourrais.

➜ ....

b. Si je l'avais su, je ne serais pas venu.

➜ ....

c. Si tu viens chez moi, je te montrerai ma collection d'estampes chinoises.

➜ ....

d. Si tu étais allée chez lui, tu n'aurais rien vu.

➜ ....

e. Si tu fais un effort, tu réussiras.

➜ ....

3 Complétez les phrases hypothétiques suivantes avec la forme correcte du subjonctif.

a. Saresti potuto andare in vacanza, se non .... **(spendere)** tutti i tuoi soldi.

b. Se .... **(venire)** da me più spesso, potrei farvi conoscere la cucina della mia regione.

c. Se mi .... **(avvertire)**, sarei venuta con te.

d. Se non lo .... **(vedere)** con i miei occhi, non ci avrei mai creduto.

e. Se .... **(essere)** al suo posto, non mi comporterei così.

f. Se .... **(sapere)** che eri a casa, saremmo venuti a trovarti.

g. Se .... **(essere)** sicuri che è a casa, andremmo senz'altro a trovarlo.

h. Se mio nonno .... **(avere)** una ruota, sarebbe una carriola !

4 Transformez les phrases séparées en une seule phrase hypothétique, selon l'exemple.

Exemple : Non siete venuti a trovarci e non avete visto la nostra nuova casa.
➜ *Se foste venuti a trovarci, avreste* visto la nostra nuova casa.

a. Non viaggi mai e non conosci altri paesi che il tuo.

➜ ....

b. Non ascolta mai quando gli si parla e non sa mai che cosa si è detto.

➜ ....

c. Non siete venuti alla riunione e adesso non conoscete le ultime decisioni.

➜ ....

d. Non leggono mai il giornale e non sanno quello che succede nel mondo.

➜ ....

e. Non abbiamo soldi e non possiamo comprarlo.

➜ ....

f. Non hai dormito abbastanza e adesso sei stanchissimo.

➜ ....

g. Non ci avete dato retta e avete fatto un grosso errore.

➜ ....

h. Non sei andato a fare la spesa e ora hai il frigo vuoto.

➜ ....

Associez les deux parties de chaque phrase hypothétique selon leur sens et leur syntaxe.

Se correte •	• non sarebbe così grasso
Se l'avessi visto •	• ci si stanca molto
Se mangiasse meno •	• vi avremmo aiutato
Se si lavora troppo •	• l'avrei riconosciuto
Se ce ne aveste parlato •	• arriverete in tempo
Se fossi andato più piano •	• non sareste così magri
Se mangiaste di più •	• non avresti avuto una multa

D'autres manières d'exprimer une hypothèse

Le même type de phrase est parfois construit à l'aide d'une forme verbale invariable – gérondif, participe passé ou infinitif :

Potendo, ti accontenterò ➜ Se potrò, ti accontenterò

Aiutato, ci riuscirebbe ➜ Se fosse aiutato, ci riuscirebbe

A comportarti così, non ti farai ben volere ➜ Se ti comporti così, non ti farai ben volere.

6 Transformez les phrases suivantes en phrases hypothétiques avec le subjonctif, selon les exemples ci-dessus.

a. Volendo, ci sarebbero riusciti.

➜ ....

b. A lavorare tanto, finirà per ammalarsi.

➜ ....

c. Studiando, avresti voti migliori.

➜ ....

d. A parlare male di tutti i colleghi, un giorno ti farai licenziare.

➜ ....

e. Curato da un bravo medico, guarirebbe.

➜ ....

D'autres hypothèses

On peut avoir aussi des phrases hypothétiques non introduites par **se** :

Nel caso tu volessi passare a Firenze, telefonami pure, *Au cas où tu voudrais passer à Florence, téléphone-moi !*

Chi volesse vedere tutto, ci metterebbe dieci anni, *Si quelqu'un voulait tout voir, il lui faudrait (« il y mettrait ») dix ans.*

7 **Transformez les phrases hypothétiques ci-dessous, sans *se*, en phrases hypothétiques avec *se* (voir exemples dans la leçon page 95).**

a. Nell'eventualità che piova, potreste venire da me.

➜ ....

b. Cercandolo bene dappertutto, l'avresti trovato.

➜ ....

c. Qualcuno che potesse vedere il futuro, potrebbe dirtelo.

➜ ....

d. Vivendo in Italia, parlerei l'italiano molto meglio.

➜ ....

D'autres emplois du subjonctif

- En général, on peut dire que le subjonctif est utilisé chaque fois que l'on veut exprimer doute, incertitude, subjectivité. Il y a des conjonctions et des tournures de phrase qui le rendent obligatoire :

– **affinché** et **perché** dans les propositions finales : **ti parlo affinché tu capisca, ti parlavo affinché tu capissi** ;

– dans les propositions finales, on peut avoir aussi le pronom relatif **che** : **voleva fargli un discorso che gli facesse capire i suoi errori.**

– avec la conjonction **benché** : **non ci sono riuscito, benché io abbia fatto di tutto per raggiungere il mio obbiettivo.**

- Si vous voulez « esquiver » le subjonctif, les propositions finales peuvent se faire avec <u>per + infinitif</u> **(ti parlo per farti capire)**, et **benché** peut être remplacé par <u>anche se + indicatif</u> : **non ci sono riuscito, anche se ho fatto di tutto per raggiungere il mio obbiettivo**. Toujours bon à savoir…

8 **Transformez les phrases suivantes, contenant un indicatif, en d'autres phrases contenant un subjonctif, comme dans les exemples ci-dessus.**

a. Non aveva capito la situazione, anche se gliel'avevamo spiegata mille volte.

➜ ....

b. Voglio una macchina sportiva per andare molto veloce.

➜ ....

c. L'ho dovuto rimproverare, anche se forse non lo meritava.

→ ....

d. Fumavo tanto, anche se sapevo che mi faceva male.

→ ....

e. Fumo tanto, anche se so che mi fa male.

→ ....

f. Ha spiegato la lezione una seconda volta per farla capire bene agli studenti.

→ ....

9 En observant les images, complétez la pensée du personnage en utilisant une phrase hypothétique.

a. Se fossi ....
...............................,
....
....
l'osso sulla finestra!

b. Se ....
....
le ali, ...
....
l'uccellino!

Bravo, vous êtes venu à bout du chapitre 16 ! Il est maintenant temps de comptabiliser les icônes et de reporter le résultat en page 128 pour l'évaluation finale.

Les adverbes

Les adverbes

Il s'agit surtout de... les connaître ! Puisque cela est certainement votre cas, commençons tout de suite par quelques exercices pour tester votre connaissance du vocabulaire italien.

1 Associez chaque adverbe à son contraire.

vicino •	• poco
tardi •	• forte
piano •	• male
molto •	• presto
bene •	• lontano

2 Ecrivez, pour chaque adverbe, son contraire.

a. mai → ....
b. sopra → ....
c. facilmente → ....
d. rumorosamente → ....
e. presto → ....

3 Complétez chaque phrase avec un adverbe issu de la liste ci-dessous (chaque adverbe peut être utilisé une seule fois).

molto – troppo – abbastanza – bene – sempre – lontano – piano – presto – poco – vicino

a. Non lo trovi ? Forse non l'hai cercato ....
b. Ero .... stanco perché avevo lavorato tante ore.
c. Ieri ho mangiato .... e oggi ho mal di stomaco.
d. Siamo stanchi di andare in vacanza .... nello stesso posto !
e. Come sta ? ...., grazie !
f. Va' .... in macchina se no rischi di avere un incidente !
g. Tutte le mattine ci alziamo .... per andare a lavorare.
h. Ho sonno perché ho dormito ....
i. Vengo in macchina perché abito ....
j. Vengo a piedi perché abito qui ....

Formation des adverbes de manière

La plupart des adverbes de manière sont formés en ajoutant le suffixe **–mente** à un adjectif, à son tour dérivé d'un nom.

Voyons dans le tableau ci-dessous comment l'adjectif est traité pour former l'adverbe :

Adjectifs	Adverbes
masculin en **–o**, féminin en **–a** **caloroso**, **calorosa**	féminin en **–a** + **–mente** **calorosamente**
masculin et féminin en **–e** **intelligente**	la forme unique + **–mente** **intelligentemente**
masculin et féminin en **–le** et en **–re** **gentile**, **anteriore**	l'adjectif sans **–e** + **–mente** **gentilmente**, **anteriormente**
adjectifs en **–lo/–la** ; **–ro/–ra** **ridicolo**, **leggero**	l'adjectif sans voyelle finale + **–mente** **ridicolmente**, **leggermente**

4 Dans les phrases suivantes, remplacez les expressions en italique avec un adverbe contenant le suffixe *-mente*.

Exemple : Si è comportato *con generosità*. ➜ generosamente

a. Mi ha salutato con affetto.

➜ ....

b. Camminava con velocità.

➜ ....

c. Il lavoro era fatto in modo perfetto.

➜ ....

d. Parla con tutti con gentilezza.

➜ ....

e. Respirava con difficoltà.

➜ ....

f. L'ascoltava con attenzione.

➜ ....

5 Remplacez l'adverbe par des expressions équivalentes, en utilisant le nom ou l'adjectif d'où il est issu.

Exemple : Mario si è comportato *gentilmente*. ➜ con gentilezza

a. Gli alunni si sono messi in fila ordinatamente. ➜ ....

b. La cerimonia si è svolta solennemente. ➜ ....

c. Bisogna parlare rispettosamente alle persone anziane. ➜ ....

d. Gli dispiaceva di essersi comportato stupidamente. ➜ ....

e. Le forze dell'ordine sono intervenute rapidamente. ➜ ....

f. Spero che guiderà prudentemente. ➜ ....

6 Complétez le tableau en insérant les mots manquants.

NOM	ADJECTIF	ADVERBE
dolcezza	....	....
gentilezza	....	....
....	intelligente	....
....	triste	....
....	....	profondamente
....	....	attentamente
....	frettoloso	....
generosità	....	....
....	crudele	....
....	lento	....
barbarie	....	....

Locutions adverbiales

Elles sont formées avec une préposition et un nom ou un adjectif :

di solito, *d'habitude* ; **di sicuro**, *sûrement* ; **di certo**, *certainement* ; **di fretta**, *avec peu de temps* ; **in fretta**, *en hâte* ; **di nascosto**, *en cachette* ; **all'improvviso**, *soudain* ; **di corsa**, *en courant* ; **per caso**, *par hasard* ; **a lungo**, *longtemps*, etc.

7 Complétez les phrases suivantes par les locutions adverbiales de la liste ci-dessous (chaque locution ne peut être utilisée qu'une seule fois).

di sicuro — in fretta — di nascosto — DI FRETTA — di solito — PER CASO — a lungo — all'improvviso

a. .... è arrivato in ritardo : è partito all'ultimo momento.

b. Passavamo di là ...., ed abbiamo incontrato proprio lui.

c. Che cosa fate .... la domenica ?

d. Non voleva che nessuno lo sapesse, quindi c'è andato ....

e. Scusa ma non posso restare, vado ....

f. Anch'io ho creduto .... alla sua buona fede, poi ho capito che non era sincero.

g. C'era un bel cielo sereno, poi .... si è annuvolato ed è cominciato a piovere.

h. Fa sempre le cose .... e naturalmente le fa male.

8 **Complétez le tableau avec la locution adverbiale ou avec l'adverbe équivalent, selon l'exemple.**

ADVERBE	LOCUTION ADVERBIALE
improvvisamente	*all'improvviso*
casualmente	....
....	di certo
lungamente	....
....	di sicuro

Les degrés de l'adverbe

- Comme l'adjectif, l'adverbe peut être souvent utilisé au comparatif, en le faisant précéder de **più** (supériorité) et **meno** (infériorité). Pour le comparatif d'égalité, il peut être précédé de **tanto** ou **così**, et suivi de **quanto** ou **come**.
- Pour former le superlatif absolu, on place **molto** devant l'adverbe ; plus rarement, on rattache le suffixe **–mente** au superlatif de l'adjectif : **rapido** – **rapidissimo** – **rapidissimamente**.
- Parfois, et seulement pour certains d'entre eux, on utilise directement le suffixe attaché à l'adverbe : **tardissimo**, **pianissimo**, **prestissimo**, etc.
- Le superlatif relatif se forme avec **il più...** ou **il meno...** devant l'adverbe.

9 **Complétez avec l'adverbe indiqué entre parenthèses au degré comparatif demandé par le sens de la phrase.**

Exemple : Una volta mangiavo sempre in questo ristorante, adesso vengo .... *(spesso)* di prima.
→ ***meno spesso***

a. Adesso non posso venire, verrò .... **(tardi)**.

b. Mangia .... **(in fretta)**, se no poi stai male !

c. Sembri molto stanco, ti trovo .... **(bene)** del solito.

d. È guarito .... **(velocemente)** di quanto pensassi.

e. Parli .... **(forte)**, non la sento !

f. Prima abitavo lontano dal lavoro, adesso abito .... **(vicino)** e posso andarci a piedi.

g. Da quando abito vicino all'ufficio, posso alzarmi .... **(presto)** alla mattina.

10 Complétez avec l'adverbe indiqué entre parenthèses au degré comparatif ou superlatif, selon le sens de la phrase. 

a. Questo ristorante è ottimo, dobbiamo venirci .... **(spesso)**.

b. Mi piace molto questo ristorante, ci vengo .... **(spesso)**.

c. Se ti siedi .... **(vicino)** allo schermo, ci vedrai meglio.

d. È tornato .... **(tardi)** del solito.

e. Erano le quattro del mattino quando l'ho sentito rincasare, è tornato .... **(tardi)** !

f. Gioco a scacchi solo da due anni, dunque gioco .... **(bene)** di te.

g. Gioca a scacchi da una vita, ci gioca .... **(bene)** !

h. Si tratta di un lavoro molto delicato, dovete farlo .... **(attentamente)** che mai.

i. Si tratta di un lavoro delicatissimo, dovete farlo .... **(attentamente)**.

Comparatifs et superlatifs particuliers

On peut maintenant compléter le tableau de la page 18 avec les adverbes équivalant aux adjectifs qui forment leur comparatif et leur superlatif de manière particulière :

Adjectif	Comparatif	Superlatif	Adverbe	Comparatif de supériorité	Superlatif absolu
buono	migliore	ottimo	bene	meglio	ottimamente ou benissimo
cattivo	peggiore	pessimo	male	peggio	pessimamente ou malissimo
grande	maggiore	massimo	molto	più	moltissimo
piccolo	minore	minimo	poco	meno	minimamente ou pochissimo
alto	superiore	sommo	–	superiormente	sommamente
basso	inferiore	infimo	–	inferiormente	infimamente

11 **Complétez avec l'un des comparatifs ou superlatifs particuliers de la liste ci-dessous (chaque adverbe ne peut être utilisé qu'une seule fois).**

meglio · peggio · ottimamente · moltissimo · meno · pochissimo · più

a. In quel ristorante abbiamo mangiato ...., ci torneremo.

b. È stato male, ma ora sta ....

c. La tua macchina adesso va .... della mia, ma quando l'avrai fatta riparare sarà più veloce.

d. Se mangi ...., dimagrirai.

e. Adoro quel regista, il suo ultimo film mi è piaciuto ....

f. Ha studiato .... di te, è normale che abbia avuto migliori risultati.

g. Tua sorella è molto magra, si vede che mangia ....

12 **Certains adverbes de manière accompagnent toujours le même verbe, en formant ainsi des sortes d'expressions idiomatiques ; à l'aide d'un dictionnaire, associez chaque verbe de la colonne de gauche à l'adverbe correspondant dans la colonne de droite.**

lavorare •	• affannosamente
dormire •	• sguaiatamente
innamorarsi •	• alacremente
ridere •	• perdutamente
respirare •	• accanitamente
giocare •	• soporitamente
salutare •	• scompostamente
sedere •	• affettuosamente

Bravo, vous êtes venu à bout du chapitre 17 ! Il est maintenant temps de comptabiliser les icônes et de reporter le résultat en page 128 pour l'évaluation finale.

Prépositions et conjonctions, locutions *c'è*, *ci sono*

Prépositions et conjonctions, locutions *c'è*, *ci sono*

Les prépositions sont les suivantes, accompagnées de leurs principaux emplois :

<table>
<tr><th>a</th><th>di</th><th>da</th><th>in</th><th>con</th><th>su</th><th>per</th><th>tra, fra</th></tr>
<tr>
<td>direction d'un mouvement
vado a Roma,
vado a lavorare</td>
<td>propriété
la macchina di Giulia</td>
<td>provenance et distance
vengo da Milano,
abito a tre chilometri da Milano,
siamo lontani da Torino ?</td>
<td rowspan="5">*« dans »*
et *« en »* dans les expressions locatives
abito in Italia</td>
<td>*« avec »*
abito con Paolo</td>
<td>*« sur »*
l'ho dimenticato sul tavolo</td>
<td>*« par »*
ho preso il treno per Roma ; per andare a Napoli si passa per Roma ; per esempio...</td>
<td>entre deux
fra me e te</td>
</tr>
<tr>
<td>état dans un lieu
abito a Roma</td>
<td>inhérence
un libro di storia</td>
<td>complément d'agent
è stato visto da tutti</td>
<td rowspan="4">complément de moyen
sono arrivato con il treno delle due e mezzo</td>
<td rowspan="4">approximation
un signore sui cinquant'anni</td>
<td>dans des expressions locatives :
passeggiare per la città</td>
<td>parmi plusieurs
fra noi c'è un intruso</td>
</tr>
<tr>
<td rowspan="3">dans les expressions locatives :
vicino a, davanti a, di fronte a,
in mezzo a, intorno a</td>
<td>contenu
una tazza di caffè</td>
<td>*« depuis »*
ti aspetto da due ore</td>
<td rowspan="3">dans des expressions temporelles :
ho lavorato per tre ore</td>
<td rowspan="3">*« dans »* au sens temporel
vengo tra due ore</td>
</tr>
<tr>
<td>avec les adverbes
prima di, invece di</td>
<td rowspan="2">*« chez »*
vieni a mangiare da noi ?</td>
</tr>
<tr>
<td>dans les expressions
credo di no, mi ha detto di sì</td>
</tr>
</table>

Les prépositions dans les articles contractés

Les prépositions **a**, **di**, **da**, **in**, **con** et **su** se fondent avec les articles pour former des articles contractés :

Facultative avec **con** (on peut dire aussi bien **con lo** que **collo**, ce dernier étant moins fréquent), cette contraction est obligatoire dans tous les autres cas.

Les articles contractés dérivés de **di** sont utilisés comme articles partitifs : **abbiamo bevuto del vino buonissimo**.

	a	di	da	in	con	su
il	al	del	dal	nel	col	sul
lo	allo	dello	dallo	nello	collo	sullo
l'	all'	dell'	dall'	nell'	coll'	sull'
la	alla	della	dalla	nella	colla	sulla
i	sui	dei	dai	nei	coi	sui
gli	agli	degli	dagli	negli	cogli	sugli
le	alle	delle	dalle	nelle	colle	sulle

1 **Complétez avec l'article contracté formé à partir de la préposition entre parenthèses.**

Exemple : Siamo andati a vedere gli animali (a) .... zoo → *allo* zoo.

a. Appena siamo entrati **(in)** .... sua casa, siamo rimasti incantati dalla bellezza.

b. Siamo saliti **(su)** .... torre di Pisa.

c. Questo prodotto viene **(da)** .... Lombardia.

d. La pronuncia **(di)** .... italiano mi sembra difficile.

e. Non sopporto il sapore **(di)** .... aglio.

2 **Complétez avec la préposition adéquate, selon le sens de la phrase, en la choisissant dans la liste ci-dessous (chaque préposition ne peut être utilisée qu'une seule fois).**

a
DI
per
con
in

a. Ho preso il treno .... mezzogiorno.

b. Ho telefonato .... tuo fratello per dirgli di venire da me.

c. I tuoi genitori hanno fatto tanti sacrifici .... te.

d. A quarant'anni, Carlo vive ancora .... sua madre.

e. Siamo vissuti a lungo .... Inghilterra.

3 Complétez avec l'article contracté adéquat, selon le sens de la phrase, en le choisissant dans la liste ci-dessous (chaque article contracté peut être utilisé une seule fois).

nello | delle | coll' | alle | nella

a. Ho preso il treno .... 15.30.

b. Abbiamo appuntamento .... 15.30.

c. Il romanzo si svolge .... Francia del Settecento.

d. Tutto è cominciato .... acquisto della nuova casa.

e. Ci siamo trovati .... studio di mio zio.

4 Ceci est un jeu de vocabulaire (toujours la récréation !) : remplacez le nom précédé de la préposition par le verbe ayant le même sens, ou vice-versa (des transformations de la phrase seront parfois nécessaires).

è tutto pronto per il pranzo	è tutto pronto per pranzare
è un'associazione	è un'associazione per proteggere gli animali
ho visto il progetto per la costruzione della casa	ho visto il progetto ....
metto gli occhiali solo	metto gli occhiali solo per leggere
gli atleti si preparano per la corsa	gli atleti si preparano ....
sto risparmiando per l'acquisto di un nuovo computer	sto risparmiando ....

5 Complétez avec la préposition ou avec l'article contracté adéquats, selon le sens de la phrase.

a. Sono vissuto .... dieci anni lontano .... Italia.

b. La cappella sistina di Roma è stata dipinta .... Michelangelo.

c. .... vita, possono succedere molte cose.

d. Domani sera venite tutti .... cenare .... noi ?

e. Passeggiando .... la città, l'abbiamo incontrato .... caso.

Les conjonctions

- **De coordination** relient des mots ou des phrases de même importance : **e** (parfois **ed** devant voyelle), **o** (parfois **od** devant voyelle), **ma, cioé, infatti, allora, poi, dunque, quindi...** et les couples **né ... né, sia ...sia**, etc.

Remarquez que **poi** peut aussi être utilisé comme adverbe, par exemple dans l'expression **prima o poi** (tôt ou tard).

- **De subordination** introduisent des propositions subordonnées
  - temporelles : **quando** (+ indicatif)
  - de cause : **perché, poiché, siccome** (+indicatif)
  - finales : **perché, affinché** (+ subjonctif)
  - conditionnelles : **purché** (+ subjonctif)
  - d'opposition : **benché, sebbene** (+ subjonctif)
  - déclaratives : **che**

6 **Complétez avec la conjonction adéquate, selon le sens de la phrase, en la choisissant dans la liste ci-dessous (chaque conjonction ne peut être utilisée qu'une seule fois).**

dunque — cioé — 

ma — infatti

a. Certo, lavora poco, ... molto bene.

b. Ti ha detto che non sarebbe venuto, ..., come vedi, non è qui.

c. Mi sono iscritto a un corso triennale, ... di tre anni.

d. Si tratta di un esame difficile, ... dovete studiare molto.

e. Possiamo proporle le nostre specialità di carne .... di pesce.

7 **Complétez avec la conjonction adéquate, selon le sens de la phrase, en la choisissant dans la liste ci-dessous (chaque conjonction ne peut être utilisée qu'une seule fois).**

quando — che — benché — af·nché

a. Non è andato a lavorare .... non stava bene.

b. Ti parlo così .... tu capisca il tuo errore.

c. .... ero giovane, abitavo in Francia.

d. Non ci vedevamo spesso, ... fossimo molto amici.

e. Mi ha detto .... voleva cambiare lavoro.

Locutions conjonctives

Comme pour les adverbes, il existe des locutions qui, avec plusieurs mots, jouent le même rôle que les conjonctions. Nous vous en proposons ici quelques-unes :

per il fatto che (causale), **anche se** (concessive), **ogni volta che** (temporelle), **a patto che, a condizione che** (conditionnelles), **di modo che** (finale) etc.

8 **Complétez avec la locution conjonctive adéquate, selon le sens de la phrase, en la choisissant dans la liste ci-dessous (chaque locution ne peut être utilisée qu'une seule fois).**

a. Vi lascio uscire .... non torniate troppo tardi.

b. .... vi lascio uscire, poi voi tornate tardissimo !

c. Questa volta non riesci a convincermi : .... me lo giuri, non ti credo.

d. Crede di potere fare quello che vuole .... è il direttore.

e. Ti dirò a che ora arriva il mio treno, ... tu possa venire a prendermi alla stazione.

C'é et *ci sono*

- Les formules **c'é** (au singulier) et **ci sono** (au pluriel) correspondent à « il y a » :
in questa città c'é una bellissima piscina – in questa città ci sono bellissime piscine.
- Le verbe *essere* se conjugue aux différents temps et modes, toujours à la troisième personne du singulier ou du pluriel, selon le cas (et le participe passé s'accorde avec le sujet réel) :

in questa città una volta c'era una bellissima piscina – ... c'erano bellissime piscine – ... l'anno prossimo qui ci sarà una bellissima piscina – ... ci saranno bellissime piscine – qui c'é stata una bellissima piscina – ... ci sono state bellissime piscine, etc.

Attention : **c'é** ne traduit pas le sens temporel de « il y a » : dans ce cas, l'italien met la forme verbale **fa** après l'expression de temps :

Il était ici il y a une heure, **Era qui un'ora fa.**

9 Complétez avec les différentes formules qui correspondent à « il y a » (attention au temps du verbe !).

a. L'estate prossima .... grandi novità nelle attività del villaggio di vacanze.

b. La notte scorsa .... una piccola scossa di terremoto in Umbria.

c. Per favore, guarda nel cassetto se .... le mie chiavi della macchina.

d. Ho già guardato, ma non .... proprio niente.

e. Siamo stati al carnevale di Viareggio un anno ....

f. Quando ero piccolo, ... tante cose da mangiare che non mi piacevano.

g. In un'ora .... sessanta minuti.

h. Un'ora .... ero ancora in ufficio.

i. .... delle cose che davvero non posso sopportare !

j. Mi aveva detto che .... tante novità, ma non pensavo proprio a queste !

10 Petite révision des verbes : Luisa a écrit un e-mail à son amie Carla pour lui proposer de passer un après-midi ensemble ; transformez les expressions soulignées en impératifs, en employant bien sûr le tutoiement !

Ciao Carla,
mi sembra che domani sarai anche tu libera e potremmo approfittarne per passare il pomeriggio insieme. Verrai da me alle 14 così avremo più tempo per stare insieme. Prenderai la macchina se per caso vogliamo andare anche fuori città. Devi ricordarti di prendere anche un po' di soldi, perché magari andiamo a fare shopping. Ti vestirai pesante perché hanno detto che forse pioverà, dunque devi prendere anche l'ombrello ! Allora a domani alle 14, devi essere puntuale !

Un bacio
Luisa

Verrai ➜ ....

Prenderai ➜ ....

Devi ricordarti ➜ ....

Ti vestirai ➜ ....

Devi prendere ➜ ....

Devi essere ➜ ....

Bravo, vous êtes venu à bout du chapitre 18 ! Il est maintenant temps de comptabiliser les icônes et de reporter le résultat en page 128 pour l'évaluation finale.

Les discours direct et indirect

Le discours indirect

Ce sont les propos de quelqu'un qui, rapportés, deviennent une proposition subordonnée :

Ha detto : – Mi chiamo Antonio ➜ Ha detto che si chiama Antonio.

Cela pose quelques petits problèmes d'accord des temps et des modes verbaux, que nous allons résumer dans les tableaux ci dessous :

PROPOSITION PRINCIPALE AU PRÉSENT OU AU FUTUR DE L'INDICATIF : **les verbes ne changent ni de temps ni de mode entre le discours direct et le discours indirect**	
DIRECT	**INDIRECT**
Dice : – Vado a Roma.	Dice che va a Roma.
Dice : – Se avessi avuto i soldi, sarei andato a Roma.	Dice che se avesse avuto i soldi, sarebbe andato a Roma.
l'impératif seul change, et devient infinitif (précédé par *di*) ou subjonctif présent (précédé par *che*)	
Mi dice : – Va' a Roma !	Mi dice di andare a Roma. Mi dice che io vada a Roma.

PROPOSITION PRINCIPALE AU PASSÉ : **les verbes suivent les règles de l'accord des temps et des modes, à savoir :**	
DIRECT	**INDIRECT**
Ieri mi ha detto : – **Vado** a Roma. indicatif présent	Ieri mi ha detto che **andava** a Roma. indicatif imparfait
Ieri mi ha detto : – **Sono andato** a Roma. indicatif passé composé	Ieri mi ha detto che **era andato** a Roma. indicatif plus-que-parfait
Ieri mi ha detto : – Non sono sicuro che il treno delle due **vada** a Roma. subjonctif présent	Ieri mi ha detto che non era sicuro che il treno delle due **andasse** a Roma. subjonctif imparfait
Ieri mi ha detto : – **Andrò** a Roma. indicatif futur	Ieri mi ha detto che **sarebbe andato** a Roma. conditionnel passé
Ieri mi ha detto : – **Vorrei** andare a Roma. conditionnel présent	Ieri mi ha detto che **avrebbe voluto** andare a Roma. conditionnel passé
l'impératif devient infinitif (précédé par *di*) ou subjonctif imparfait (précédé par *che*)	
Ieri mi ha detto: – Va' a Roma !	Ieri mi ha detto di andare a Roma. Ieri mi ha detto che io andassi a Roma.

1 Transformez le discours direct en indirect.

Exemple : Luigi gli aveva detto : – Mi piacerebbe comprarmi una macchina.
➜ Luigi gli aveva detto che gli sarebbe piaciuto comprarsi una macchina.

a. L'annuncio diceva : « Cerchiamo persone esperte in informatica ».

➜ ....

b. La gente gridava : – Dateci del pane !

➜ ....

c. Luisa ci ha detto : – Non verrò con voi in discoteca perché domani avrò un esame.

➜ ....

d. Domani ti chiamerò e ti dirò : – Guarda il meteo prima di partire !

➜ ....

e. Luisa dice : – Ho vent'anni e sono italiana.

➜ ....

....

2 Transformez le discours indirect en direct.

a. Il mio professore ci dice sempre di fare attenzione all'ortografia.

➜ ....

b. Il presidente ha annunciato alla popolazione che ci sarebbero state nuove tasse.

➜ ....

c. L'avvocato aveva affermato che le prove contro il suo cliente erano insufficienti.

➜ ....

d. Il mio estetista mi consiglia di usare ottimi prodotti di bellezza.

➜ ....

e. Il giornalista aveva scritto che le elezioni erano vicine.

➜ ....

3 Ecrivez dans la bulle de Pino le discours indirect correspondant au discours direct dans la bulle de Lucio.

4 Ecrivez dans la bulle de Pino le discours indirect correspondant au discours direct dans la bulle de Carlo.

5 Ecrivez dans la bulle de Pino le discours indirect correspondant au discours direct dans la bulle de Leone.

6 Rébus.

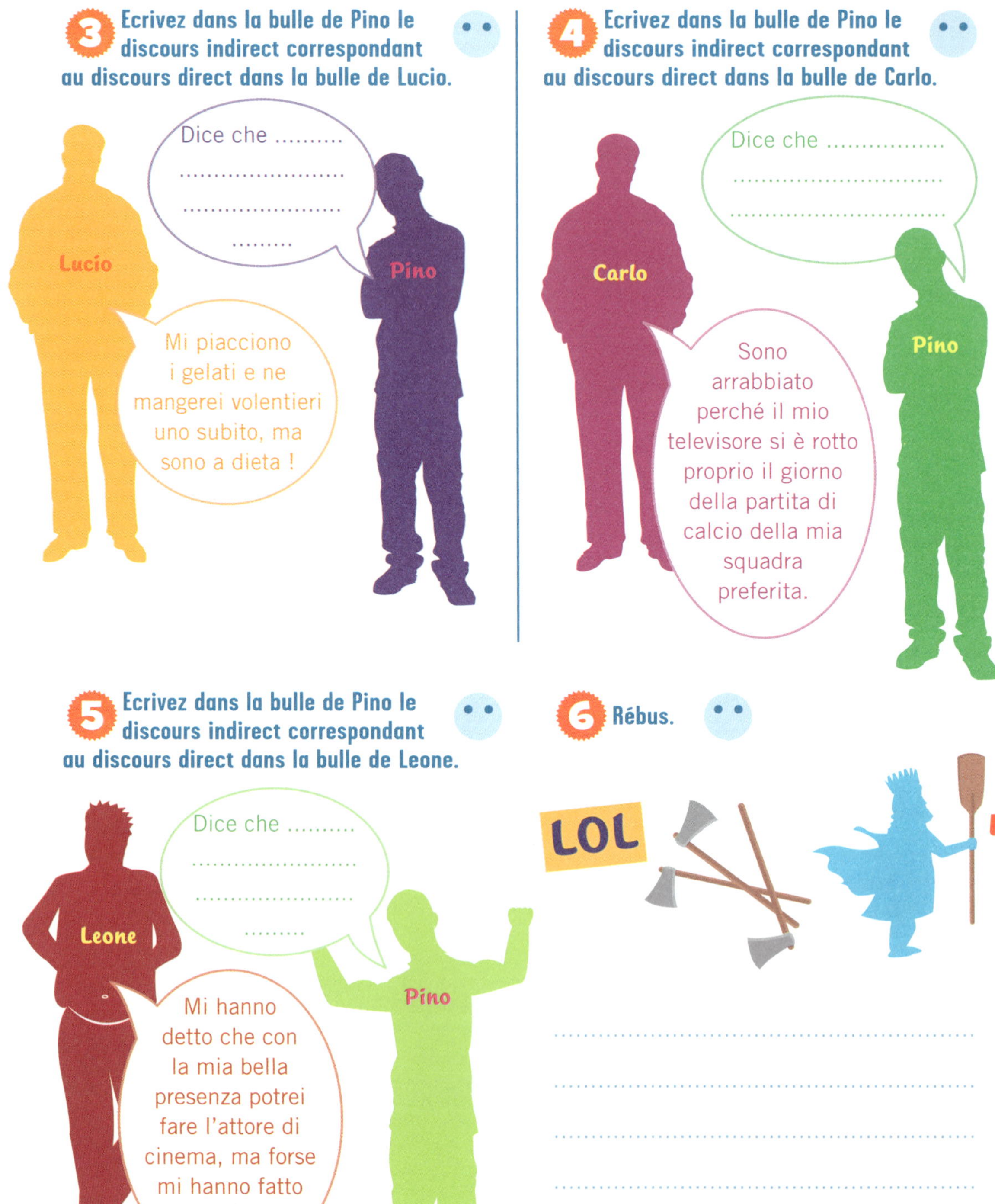

....

....

....

....

....

Quand le discours indirect est une question : la proposition interrogative indirecte

PROPOSITION PRINCIPALE AU PRÉSENT OU AU FUTUR DE L'INDICATIF : la subordonnée est au subjonctif	
DIRECT	**INDIRECT**
Mi chiede : – **Vai** a Roma ? indicatif présent	Mi chiede se io **vada** a Roma. subjonctif présent
Mi chiede : – **Sei andato** a Roma ? indicatif passé composé	Mi chiede se io **sia andato** a Roma. subjonctif passé
PROPOSITION PRINCIPALE AU PASSÉ	
Mi ha chiesto : – **Vai** a Roma ? indicatif présent	Mi ha chiesto se io **andassi** a Roma. subjonctif imparfait
Mi ha chiesto : – **Sei andato** a Roma ? indicatif passé composé	Mi ha chiesto se io **fossi andato** a Roma. subjonctif plus-que-parfait

Dans l'italien parlé courant, il arrive d'entendre l'indicatif utilisé à la place du subjonctif dans ce type de phrase, mais cela reste plutôt inélégant, voire... incorrect !

Dans des contextes où il agit moins de rendre une question qui a été réellement posée qu'un questionnement intérieur, un doute, etc., cette construction sera également utilisée, avec des verbes comme : **domandare, informarsi, sapere, ignorare, dubitare**, etc.

Non so dove sia andato Luigi, *je ne sais pas où est allé Luigi.*

7 Transformez le discours direct en indirect avec une proposition interrogative.

a. Ci aveva chiesto : – Dove si trova la città di Treviso ?

➜ ....

b. Cinzia gli ha chiesto : – Ti ricordi dove abbiamo parcheggiato la macchina ?

➜ ....

c. Allora lui mi domanda : – Conosci una buona pizzeria da queste parti ?

➜ ....

d. Una volta spesso mi domandavo : – Qual è il senso della vita ?

➜ ....

8 Transformez le discours indirect en direct.

a. Mi chiedeva sempre che ora fosse, e diceva che per lui là il tempo non passava mai.

➜ ....

b. Ci chiede che cosa facciamo questa sera e se abbiamo voglia di uscire con loro.

➜ ....

c. Quel giorno mi aveva domandato se volevo sposarlo.

➜ ....

9 Complétez avec la forme correcte du subjonctif.

a. Non capisco perché il signor Rossi non .... **(lavorare)** con più entusiasmo.

b. Nessuno di noi riusciva a immaginarsi dove .... **(nascondersi)** il gatto, e alla fine era in un armadio !

c. Non so dire quale macchina mi .... **(piacere)** di più, tra la Ferrari e la Lamborghini.

d. È inutile continuare a domandarsi di chi .... **(essere)** la colpa, questo è il passato, ora bisogna agire.

La phrase hypothétique dans le discours indirect, quand la proposition principale est au passé

Les trois formes que nous avons vues au chapitre 16 se réduisent à une seule :

DISCOURS DIRECT	DISCOURS INDIRECT
Diceva : – Se ho i soldi, vado a Roma. **(MODE « RÉEL »)**	Diceva che se avesse avuto i soldi, sarebbe andato a Roma.
Diceva : – Se avessi i soldi, andrei a Roma **(MODE « POTENTIEL »)**	
Diceva : – Se avessi avuto i soldi, sarei andato a Roma **(MODE « IRRÉEL »)**	

Si la proposition principale est au présent, nous savons que les temps des verbes de la phrase hypothétique ne changent pas.

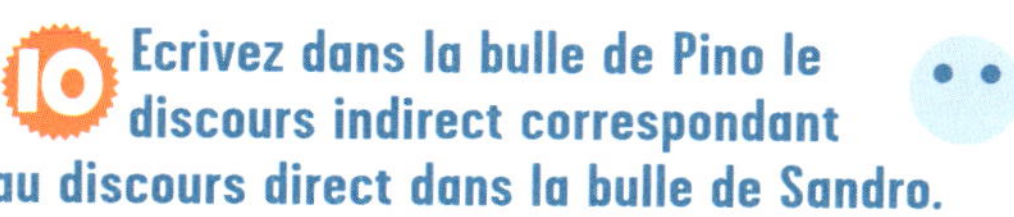

10 Ecrivez dans la bulle de Pino le discours indirect correspondant au discours direct dans la bulle de Sandro.

Se fossi ricco mi comprerei una macchina, andrei al ristorante tutti i giorni e mi vestirei sempre all'ultima moda. Purtroppo non è così e mi devo accontentare !
Sandro
Dice che ....
....
....
....
Pino

11 Ecrivez dans la bulle de Pino le discours indirect correspondant au discours direct dans la bulle de Sandro.

Sandro
Se fossi ricco mi comprerei una macchina, andrei al ristorante tutti i giorni e mi vestirei sempre all'ultima moda. Purtroppo non è cosi e mi devo accontentare.
Diceva che
....
....
Pino

Ces verbes qui ne changent pas...

Voici les temps (et modes) verbaux qui ne changent pas au passage du discours direct au discours indirect : imparfait et plus-que-parfait de l'indicatif et du subjonctif, infinitif, gérondif et participes.

12 Transformez le discours direct en indirect. 

a. Diceva : – Per diventare ricchi bisogna avere fortuna.

→ ....

....

b. Gridava : – Parlando così forte, mi impediscono di ascoltare la musica !

→ ....

....

c. Mi ha detto : – Finito di lavorare, andrò subito a casa.

→ ....

Bravo, vous êtes venu à bout du chapitre 19 ! Il est maintenant temps de comptabiliser les icônes et de reporter le résultat en page 128 pour l'évaluation finale.

Jeux de vocabulaire et exercices de récapitulation

Cette dernière partie est consacrée à des jeux destinés à tester votre vocabulaire italien et, surtout, à vous amuser avec !

1 Cherchez l'intrus parmi les mots suivants.

albero FRUTTO bocciolo germoglio fiore giardiniere arbusto radice

2 ANAGRAMMES : en changeant l'ordre des syllabes ou des lettres des mots ci-dessous, vous en obtiendrez d'autres : écrivez-les dans les cases en dessous.

VO	LA	TA

RI	MA	NI

R	A	T	T	O

S	A	N	O

T	O	R	T	U	R	A

S	O	L	A	I

L	A	T	O

V	E	L	A

3 Regroupez les mots suivants dans trois familles.

zio gatto nuora coniglio genero sega martello pecora vite cognato leone chiodo

a. ……………………………………………
……………………………………………

b. ……………………………………………
……………………………………………

c. ……………………………………………
……………………………………………

4 **Associez chacun des noms de métier et de profession suivants au nom d'objet qui lui correspond.**

medico •	• sega
meccanico •	• pennello
falegname •	• cazzuola
agricoltore •	• stetoscopio
muratore •	• chiave inglese
imbianchino •	• zappa

5 **Dans le petit texte suivant, complétez avec les mots manquants, selon le sens.**

Ieri mattina sono andato dal .... a comprare il pane. Non volevo andare a piedi perché pioveva, allora ho preso la mia .... Mi sono però accorto, tendendo bene l'orecchio, che faceva un .... strano, allora sono corso dal .... per fargliela controllare. Mi ha detto che non era niente di grave, ma era necessario cambiare l'olio. Guardando le quattro ...., ha anche notato che i pneumatici erano sgonfi e mi li ha rigonfiati. Uscito da là, sono finalmente potuto andare a comprare il pane e ho fatto ...., con pane, marmellata e un buon .... ristretto !

6 **Ajoutez une lettre quelque part à chacun des mots suivants afin d'en obtenir un autre.**

a. **LIBRO →** ....
b. **LAGO →** ....
c. **COSA →** ....
d. **GIRO →** ....
e. **NONO →** ....

7 **Enlevez une consonne quelque part à chacun des mots suivants afin d'en obtenir un autre.**

a. **CASTELLO →** ....
b. **PORCO →** ....
c. **SESTA →** ....
d. **DISCO →** ....

8 **Changez une consonne quelque part à chacun des mots suivants afin d'en obtenir un autre.**

a. **FESTA →** ....
b. **CUCINA →** ....
c. **ARTO →** ....
d. **MICA →** ....
e. **TONTA →** ....

9 **Vous pouvez ici vous aider d'un dictionnaire ; ajoutez une lettre à chacun des mots suivants pour en former un autre.**

a. **PER →** ....
b. **CARA →** ....
c. **TETRO →** ....
d. **DI →** ....
e. **CARTA →** ....
f. **SALTARE →** ....

Les caprices du « H »

La lettre **H** ne se prononce pas en italien. Néanmoins, sa présence ou son absence dans l'orthographe peuvent totalement modifier la signification d'un mot. Voyons quelques pièges orthographiques typiques (les écoliers italiens en savent quelque chose !) :

ha : « *il a* »	**a** : préposition « *à* »	–
hai : « *tu as* »	**ai** : article contracté « *aux* »	**ahi !** : « *aïe !* »
o : « *ou* »	**ho** : « *j'ai* »	**oh !** : « *ho !* »
anno : « *année* »	**hanno** : « *ils ont* »	–

10 **Vous rendez visite à votre ami italien Guido lundi prochain. Il viendra vous chercher à la gare et vous a donc écrit un e-mail pour mettre au point le rendez-vous. Mais certains mots se sont perdus en chemin ! Complétez le texte sachant que chaque tiret correspond à une lettre.**

Caro amico,

_ _ scrivo questa mail per metterci d'accordo per il _ _ _ arrivo _ _ _ _ _ _ mattina della _ _ _ _ _ _ _ _ _ _ prossima. Verrò personalmente in macchina a prenderti alla _ _ _ _ _ _ _ _ _ al tuo arrivo. A _ _ _ ora arriva il tuo treno ? Sono molto contento che tu venga finalmente a visitare Pisa, _ _ _ è una bellissima città. Ti inviterò a casa _ _ _ a pranzo e ti farò conoscere i _ _ _ _ genitori. Poi andremo a vedere la famosa torre e il duomo. A presto

Il tuo amico Guido

11 **Puis répondez aux questions suivantes concernant le texte ci-dessus (en italien, bien sûr).**

a. Come andrà Guido a prendere il suo amico ?

➜ ....

b. In che città abita Guido ?

➜ ....

c. Il suo amico è già andato a trovarlo nella sua città o è la prima volta ?

➜ ....

d. Con chi abita Guido ?

➜ ....

12 **CRUCIVERBA : dans les mots croisés qui suivent, certaines définitions sont en italien et d'autres en français : amusez-vous bien !**

Horizontalement

1. Palermo (sigle)
3. Bologna (sigle)
7. Tu obéis
10. Ils trouvent
11. Le dieu grec des vents (en italien, bien sûr !)
12. Les initiales de l'actrice italienne Valentina Lodovini
14. Dégonfler
17. Troisième personne du pluriel de l'indicatif présent de **sagomare**
18. La capitale, bien sûr !
20. L'article défini dans le dialecte de Rome
22. *Non è né mio né tuo...*
24. *Il segno della moltiplicazione*
26. *Se non è « no », è ....*
27. *Silenziosa*

Verticalement

1. Ah, si nous pouvions !
2. Il abroge
3. Ils boivent
4. L'impératif de politesse de *udire*
5. Ils isolent
6. L'impératif de *dire*
8. Les habitants de Bologna
9. Envoyer
13. Le monarque à une syllabe !
15. Modulation de fréquence
16. Reading only memory
19. Ouvrez, monsieur
23. *Un mago famoso*
24. *Poste e telecomunicazioni*
25. Une conjonction latine

13 **Complétez ces phrases en utilisant les mots de la liste ci-dessous (chaque mot ne peut être utilisé qu'une seule fois).**

a. Abbiamo spiegato .... nostri amici come venire da noi.

b. Quanti anni .... ?

c. Preferisci la carne .... il pesce ?

d. Che .... detto i tuoi genitori ?

e. In che .... sei andato a vivere in Italia ?

14 **Un peu de révision des verbes : complétez le tableau ci-dessous avec la forme correcte du verbe, à la personne de l'exemple indiqué dans chaque ligne.**

INDICATIF PRÉSENT	PASSÉ COMPOSÉ	IMPARFAIT	FUTUR	CONDITIONNEL PRÉSENT	CONDITIONNEL PASSÉ
parlo	....	parlava	....	....	....
....	abbiamo ripetuto	....	....	....	....
....	....	....	crederà	....	....
....	....	....	....	....	avreste finito
....	....	....	....	porterebbero	....
....	abbiamo obbedito	....	....	....	....
ascoltano	....	....	....	....	....
....	....	....	....	porterei	....
....	....	vendevate	....	....	....
....	....	....	....	....	avrebbero telefonato

15 Associez à chaque forme verbale le pluriel correspondant. Exemple : canterei **(1re personne du singulier du conditionnel présent)** – canteremmo **(1re personne du pluriel du conditionnel présent)**

a. ripeterà → ....

b. risolverebbe → ....

c. suoni → ....

d. telefonava → ....

e. ho sentito → ....

f. aprirai → ....

g. finisco → ....

h. venderesti → ....

16 Faites maintenant le contraire : associez à chaque forme verbale le singulier correspondant :

a. porterebbero → ....

b. avremo saputo → ....

c. avevate → ....

d. parlavamo → ....

e. vendichereste → ....

f. parcheggeranno → ....

g. suonano → ....

h. spedite → ....

17 Après tant d'efforts, voici un petit jeu : trouvez 6 participes passés irréguliers (accordés au masculin ou au féminin, au singulier ou au pluriel) dans cette grille (à la verticale, l'horizontale ou en diagonale, à l'endroit ou à l'envers).

O	T	S	O	P
S	R	T	R	O
O	S	E	P	S
R	S	S	S	T
E	D	A	T	O

18 Trouvez 1 infinitif, 2 gérondifs, 1 participe présent et 10 participes passés (accordés au masculin ou au féminin, au singulier ou au pluriel) dans cette grille (à la verticale, l'horizontale ou en diagonale, à l'endroit ou à l'envers).

O	D	N	A	V	O	R	T
T	B	A	V	U	T	I	R
U	W	B	V	Y	A	P	E
D	I	M	E	S	S	O	M
A	M	A	N	D	O	S	A
C	A	D	U	T	I	A	R
C	A	N	T	A	N	T	E
A	C	C	O	L	T	O	O

Bravo, vous êtes venu à bout du chapitre 20 ! Il est maintenant temps de comptabiliser les icônes et de reporter le résultat en page 128 pour l'évaluation finale.

1. Alphabet et phonétique

3

SON	k	tch	ch	g	dj
parchi	✔				
porci		✔			
giardino					✔
prosciutto			✔		
Ischia	✔				
Procida		✔			
piccino		✔			
piccolo	✔				
lasciare			✔		
lanciare		✔			
lunghissimo				✔	

4

		P	A	S	Q	U	A	
	P	U			U			P
	E	L	E	F	A	N	T	E
	S	C	H	E	D	A		S
	C	E	N	T	R	O		C
	E				O			A

5 Firenze Napoli canzone macchina Federico Antonella cantavano fantastico felicità raccontatemelo.

6

V A L I G I A
C O S C I A
L U C E
R U S C E L L O
A G N E L L O
C I L I E G I A
S C A T O L A

7 **a.** carro *(char)* **b.** palla *(balle)* **c.** sette *(sept)* **d.** torri *(tours)* **e.** tonno *(thon)* **f.** unno *(hun)* **g.** rissa *(rixe)*.

8 **a.** ghetto *(ghetto)* **b.** doghe *(lattes)* **c.** ricchi *(riches)* **d.** rocche *(châteaux forts)* **e.** pesche *(pêches)* **f.** schema *(schéma)*.

2. Articles, noms et adjectifs

1 1b – 2f – 3c – 4e – 5d – 6a

2 l'amico – la bambina – degli italiani – lo psicologo – i quadri – gli autobus.

3

Masculin	Féminin
il nonno	la nonna
il bambino	la bambina
gli amici	le amiche
i maestri	la maestra
lo zio	la zia
il cantante	la cantante
lo scolaro	la scolara
un tedesco	una tedesca
dei francesi	delle francesi

4 **a.** la **b.** il **c.** gli **d.** lo **e.** il **f.** le **g.** le **h.** il.

5

Singulier	Pluriel
il dottore inglese	i dottori inglesi
la foto interessante	le foto interessanti
il tè profumato	i tè profumati
il viaggio istruttivo	i viaggi istruttivi
un autobus strapieno	degli autobus strapieni
un'analisi pertinente	delle analisi pertinenti

6

Masculin	Féminin
il principe felice	la principessa felice
l'attore brillante	l'attrice brillante
lo scolaro disubbidiente	la scolara disubbidiente
l'elefante paziente	l'elefantessa paziente
il presidente carismatico	la presidentessa carismatica
i venditori convincenti	le venditrici convincenti

7 **a.** Faux **b.** Vrai **c.** Faux **d.** Vrai **e.** Vrai **f.** Vrai.

8 **a.** mura **b.** i muri **c.** corni **d.** le corna **e.** le ossa **f.** ossi **g.** i bracci **h.** le braccia **i.** le fila **j.** i fili.

9

Singulier	Pluriel
l'uovo fresco	le uova fresche
il paio identico	le paia identiche
la mano grande	le mani grandi
il muro del castello	le mura del castello
l'occhio azzurro	gli occhi azzurri
il fuoco acceso	i fuochi accesi
lo sport divertente	gli sport divertenti
l'arma mortale	le armi mortali
il cane fedele	i cani fedeli
il ragazzo socievole	i ragazzi socievoli
lo studente studioso	gli studenti studiosi
lo zio ricco	gli zii ricchi
lo psicologo intuitivo	gli psicologi intuitivi

10 **a.** Gli album servono per disegnare. **b.** Le corna dei tori sono molto appuntite. **c.** Gli occhi dei gatti vedono nell'oscurità. **d.** Le mani stringono gli oggetti. **e.** I fili elettrici sono stati collegati.

3. Les noms altérés et les degrés de l'adjectif qualificatif

1 **a.** one **b.** accia **c.** ino **d.** ona **e.** astro **f.** ello **g.** olo **h.** acci **i.** one **j.** ini.

2

Augmentatifs	Diminutifs	Péjoratifs	Diminutifs gracieux	« Faux » altérés
nasone	ditino	ventaccio	famigliola	bambino
omaccione	giretto	ragazzaccio	barchetta	bottone
	librino		cagnetto	girino
	cenetta			torrone
				mattina
				sigaretta

3 **a.** grilletto **b.** bastone **c.** rapina **d.** barone **e.** postino.

4 **a.** più lungo che faticoso **b.** meno lontana da Firenze che da Milano **c.** più studioso di me **d.** meno bella di sua sorella **e.** meno noioso che riposarsi **f.** con lui che con suo fratello **g.** tanto simpatico quanto Claudio.

5 1c – 2g – 3b – 4f – 5d – 6e – 7h – 8a

6 **a.** il più bello **b.** bellissimo **c.** saporitissimo **d.** la più saporita **e.** il più interessante **f.** interessantissimo.

7 **a.** pessima **b.** superiore **c.** inferiore **d.** migliore **e.** ottimo / minimo **f.** maggiore / il sommo.

8 **a.** grasso di **b.** grasso di **c.** magrissimo **d.** grassissimo **e.** il più magro **f.** il più grasso.

9 **a.** buono di **b.** buono di **c.** cattivissimo **d.** buonissimo **e.** il più cattivo **f.** il più buono.

4. Les chiffres et le temps

1 5 + 6 ➜ undici / 9 x 9 ➜ ottantuno / 20 – 4 ➜ sedici / 24 : 2 ➜ dodici / 7 x 9 ➜ sessantatré / 161 + 11 ➜ centosettantadue / 172 – 10 ➜ centosessantadue.

2 **a.** sette **b.** trentatré **c.** ventuno **d.** trentuno **e.** tredici **f.** trentasei **g.** diciotto.

3 **a.** dieci **b.** nove **c.** ventuno **d.** quaranta.

4 sessantanove. 69 est le seul impair.

5 **a.** trentaquattresimo **b.** sessantasettesimo **c.** dodicesimo **d.** seicentoduesimo **e.** millesimo **f.** quindicesimo **g.** ottavo.

6 **a.** albero **b.** palloncino **c.** montagna **d.** sottomarino **e.** coltello **f.** pettine **g.** quaderno **h.** orologio **i.** ombrellone **j.** prestigiatore **k.** impermeabile ➜ **RINOCERONTE**.

7 **a.** tre e venticinque oppure quindici e venticinque **b.** cinque e quindici oppure cinque e un quarto oppure diciassette e quindici **c.** undici e tre quarti oppure undici e quarantacinque oppure ventitré e quarantacinque **d.** sette e quaranta oppure otto meno venti oppure diciannove e quaranta **e.** una e quarantacinque oppure una e tre quarti oppure tredici e quaranta cinque oppure due meno un quarto.

8 otto e trenta – un quarto – mezza – pranzare – quattordici – diciotto – nove – mezzogiorno – mezza – sedici – diciotto e trenta – venti – colazione – otto – mezzogiorno – venti e trenta – sette e mezza – nove – dodici – diciotto e trenta.

9 **a.** Alle otto **b.** Alle dodici e trenta **c.** Alle venti **d.** Apre alle nove e chiude alle diciotto **e.** Il lunedì, il mercoledì e il venerdì alle nove e trenta **f.** Il mercoledì **g.** Alle sedici e trenta **h.** Si visita la salina.

5. Adjectifs et pronoms possessifs et démonstratifs

1 sua – il suo – i loro – la loro – la sua – la loro – della sua.

2 **a.** i loro **b.** la sua **c.** i loro **d.** i miei **e.** la tua **f.** un suo.

3

Singulier	Pluriel
un mio amico	dei miei amici
il tuo fratellino	i tuoi fratellini
la loro casa	le loro case
la vostra macchina	le vostre macchine
nostra madre	le nostre madri
la sua bicicletta	le sue biciclette

4 **a.** No, non è nostra, è sua. **b.** No, non è mia, è di Carlo. **c.** No, non sono nostre, sono tue. **d.** No, non è di Luca (non è suo), è mio. **e.** Sì, è mia **f.** Sì, sono nostre.

5 **a.** quella **b.** questa **c.** quel **d.** quegli **e.** quello **f.** questa.

6 **a.** ciò che ou quello che **b.** quella **c.** ciò che ou quello che **d.** colui che **e.** quelli **f.** quello che.

7 **a.** Non se n'è accorto **b.** Non ci credo **c.** Me ne occuperò io **d.** Non me ne importa niente **e.** Ci penseremo domani **f.** Non ne mangio.

8 ciò est le seul qui ne peut jamais se référer à une personne.

9 **a.** questo – il mio **b.** ciò che – il suo **c.** questa vostra – ci **d.** coloro che – le mie.

10 il tuo ➜ fratellino / suo ➜ padre / nostra ➜ madre / la mia ➜ mamma / quell' ➜ imbroglio / quegli ➜ istituti.

11 mio – il suo – la mia – il suo – la sua – i miei – il mio – mio.

12 mio fratello Giacomo – la mia sorellina Susanna – il mio papà – la mia mamma – i miei nonni – La mia famiglia.

13 **a.** museo – capitale **b.** giorni – feste **c.** dottoressa – casa **d.** suo – cane.

6. Indicatif présent des verbes *essere* et *avere* et conjugaisons régulières

1 **a.** hanno **b.** ho – sono **c.** avete **d.** è / sono **e.** siete **f.** ho **g.** abbiamo **h.** ha.

2 **a.** costruiamo **b.** hanno **c.** dipingono **d.** camminate **e.** ubbidisco **f.** stupisce **g.** sentiamo **h.** capite.

3 **a.** ascoltano **b.** porto **c.** studia **d.** abbiamo **e.** sei **f.** canta **g.** guida **h.** capisce **i.** sente **j.** prendiamo.

4 **a.** pensate **b.** suona **c.** siete **d.** finisco **e.** ha.

5 io e mia sorella ➜ giochiamo / il cane dei vicini ➜ abbaia / i soldati ➜ ubbidiscono / il coro dell'opera ➜ canta / voi pittori ➜ dipingete / caro amico ➜ lavori troppo.

6 partiamo est la seule forme plurielle.

7 **a.** cerchiamo **b.** piangete **c.** preghi **d.** peschiamo **e.** dipingono **f.** vinco **g.** paghiamo **h.** tocchi.

8 **a.** prendiamo **b.** costruisci **c.** pulite **d.** attendi **e.** ascolta **f.** ubbidisci **g.** capiamo **h.** paghiamo.

9 **a.** PUNIRE **b.** VOLARE **c.** PARARE **d.** MIRARE **e.** CONTARE **f.** RAPIRE **g.** RESTARE **h.** VENDERE.

10 **a.** cantiamo **b.** capisco **c.** hai **d.** preferisce **e.** pulisco **f.** aspettiamo.

11 CANTARE – CONTARE – PORTARE – LOTTARE – ASCOLTARE – SCORTARE – SORPRENDERE – PRENDERE – MORDERE – ATTENDERE – SPENDERE – ACCENDERE – APRIRE – MORIRE – NUTRIRE – COPRIRE – OFFRIRE – SOFFRIRE.

12 squadra ➜ insieme di giocatori / coro ➜ insieme di cantanti / folla ➜ insieme di persone / costellazione ➜ raggruppamento di stelle / migliaio ➜ insieme di mille unità / orchestra ➜ insieme di suonatori di strumenti musicali / catena ➜ serie di anelli / pattuglia ➜ gruppo di militari o agenti di polizia.

13 un omino – un uomo – un omone
un nasino – un naso – un nasone

14

L	A	M	P	A	D	I	N	A
E			A		R			L
O	T	T	I	M	A			I
N	O	N	A		G	R	U	
E	R			C	H	E		S
S	O	N	O		I		M	T
S				C		S	I	R
A	T	T	R	I	C	I		A

7. Passé composé, imparfait et plus-que-parfait

1 **a.** avete finito **b.** ha avuto **c.** abbiamo lavorato **d.** sono andate **e.** è partito **f.** siete stati **g.** ha capito **h.** ho parlato **i.** ha studiato **j.** è piaciuto.

2 **a.** mangio – ho **b.** ho mangiato – ho avuto **c.** è arrivato **d.** arriva **e.** teme **f.** ha temuto **g.** andiamo **h.** siamo andati **i.** funziona **j.** è funzionata.

3 é : 1-4-6-7
ha : 2-3-5

4 **a.** sono saputi **b.** abbiamo dovuto **c.** è voluta **d.** si sono potuti **e.** siamo potuti **f.** ha potuto **g.** sono dovuto **h.** siamo dovuti **i.** sono dovuti **j.** hanno potuto.

5 **a.** credevi **b.** prendevano **c.** partivamo **d.** vestivo **e.** ascoltavate **f.** capiva **g.** guidava **h.** leggevamo **i.** studiavano **j.** ballavi **k.** vendevate **l.** andavo **m.** dormiva **n.** capivate.

6 **a.** eravamo – suonavamo – cantavamo **b.** avevano – era – **c.** chiedevano leggeva – **d.** lavoravamo credevamo.

7 **a.** era uscita **b.** avevo avvertito **c.** eravamo partiti **d.** aveva – mai – avuto **e.** eravamo stati.

8 **a.** abbiamo cominciato – capivo – era – sono migliorata **b.** ha spiegato – avevo capito **c.** è arrivato – parlavo **d.** siamo usciti – era sembrata – è accaduto **e.** mangiavo – ho cominciato **f.** portavano **g.** abbiamo incontrato – andava – aveva telefonato **h.** ho sentito – suonava – era – ricordava – avevamo parlato.

9 accendere → spegnere / aprire → chiudere / accettare → rifiutare / alzare → abbassare / accelerare → rallentare / mettere → togliere.

10 **a.** hai – ai **b.** ho – o **c.** ha – a.

11 Cappuccetto Rosso era una brava bambina che voleva molto bene alla sua nonna. Domenica la mamma le ha detto che la nonna era malata e le ha domandato di andare a trovarla per portarle una torta.

Mentre camminava nel bosco, ha incontrato il lupo, che le ha domandato dove andava. Cappuccetto Rosso gli ha risposto che andava a casa della nonna al limite del bosco. Il lupo allora è andato dalla nonna, è entrato nella sua casa e l' ha mangiata. Poi si è travestito da nonna e si è messo nel suo letto.

Quando è arrivata dalla nonna, Cappuccetto Rosso ha preso il lupo per la nonna, si è avvicinata e il lupo ha mangiato anche lei.

Passava di là un cacciatore, gli ha sparato e gli ha aperto la pancia, da cui sono usciti Cappuccetto Rosso e la nonna che, insieme al cacciatore, hanno festeggiato e hanno mangiato la torta preparata dalla mamma.

8. Futur, futur imminent et conditionnel

1 **a.** sarò **b.** aprirà **c.** ricorderò **d.** sarà – dirai **e.** prenderai **f.** partirò **g.** avrai **h.** saremo – ascolteremo **i.** sarete – direte **j.** canterò.

2 **a.** saranno partiti – saremo **b.** continuerà – finirà **c.** avrò finito – raggiungerò **d.** partiranno **e.** avrete cominciato – direte **f.** avrò finito – tornerò – preparerò **g.** partiremo – avrà controllato **h.** saranno tornati – ci sarà **i.** avrai compiuto – sarai **j.** lascerò – avrai studiato.

3 **a.** dimenticherai **b.** pagherà **c.** toccheremo **d.** creerete **e.** diranno **f.** stancherò **g.** prenderanno **h.** lascerà **i.** praticheremo **j.** vendicherai **k.** parcheggeranno.

4 **a.** Non lo so, sarà a casa. **b.** Non lo so, porterà il trentotto. **c.** Non lo so, ne avrà venticinque. **d.** Non lo so, l'avrà comprato al supermercato. **e.** Non lo so, sarà il postino. **f.** Non lo so, saranno le due. **g.** Non lo so, faranno quaranta gradi. **h.** Non lo so, saremo a una trentina di chilometri. **i.** Non lo so, chiuderà alla sette e mezza. **j.** Non lo so, avrà mangiato pasta e pizza.

5 **a.** stanno per pranzare – stanno pranzando **b.** sta per andare a dormire – è appena andato a dormire **c.** sta lavorando **d.** sta per finire – ha appena finito **e.** sto studiando.

6 **a.** parlereste **b.** finirebbero **c.** avremmo ubbidito **d.** chiuderesti **e.** sarebbe piovuto **f.** aprirei **g.** sarebbe arrivato **h.** avremmo capito **i.** saresti stato **j.** avreste avuto.

7 **a.** vorrei **b.** sarebbe **c.** avresti dovuto **d.** avrei **e.** avrei voluto.

8 **a.** avresti terminato **b.** potresti **c.** giocherei **d.** avrebbe potuto **e.** sarebbe **f.** avrei giocato.

9. Formes passive, impersonnelle, réfléchie et pronominale

1 **a.** è stato votato **b.** sarà *(verrà)* terminata **c.** sarai *(verrai)* eliminato **d.** è *(viene)* seguita **e.** è (viene) apprezzata **f.** sarà *(verrà)* vista **g.** è stato arrestato **h.** saresti stato **i.** è *(viene)* mangiato **j.** è stato comprato.

2 **a.** Ogni giorno la pasta è *(viene)* mangiata dagli italiani **b.** Il golfo di Napoli è *(viene)* attraversato da molte navi **c.** È molto stimato dai suoi amici **d.** Sono stato svegliato da un rumore improvviso **e.** Tutti i gioielli sono stati rubati dai ladri **f.** I compiti per domani sono stati fatti dall'alunno. **g.** Il gatto è stato rincorso dal cane.

3 **a.** Tutti hanno accusato Mario e Gino **b.** La famiglia del malato ha chiamato il dottore **c.** La sua distrazione ha penalizzato lo studente **d.** L'autista guida la macchina con attenzione **e.** Il giudice ha condannato il ladro ad una pena severa **f.** Gli elettori hanno eletto i deputati. **g.** I cittadini eleggeranno il consiglio comunale.

4 **a.** Quell'uomo è visto da tutti come una brava persona **b.** La sua canzone sarà cantata da milioni di persone **c.** La lezione èstata spiegata dal professore a tutti gli studenti **d.** La mia macchina è stata riparata da mio zio. **e.** Questa spiaggia è frequentata da numerosi turisti. **f.** Mi aveva assicurato che sarei stato chiamato da suo cugino. **g.** Sono disturbato da questa musica! **h.** Sarai *(verrai)* certamente assunta dalla sua impresa. **i.** Ero *(venivo)* sempre chiamato dal mio direttore il sabato e la domenica.

5 **a.** In Italia si mangiano spesso gli spaghetti **b.** Negli ultimi anni si sono fatti molti progressi nell'igiene di vita. **c.** Nella mia città si sono sentite dire cose strane su di te. **d.** Se si studia la musica in età giovane, si impara meglio. **e.** Quando si viaggia, si devono avere i documenti. **f.** Quando non ci si vede bene, si devono mettere gli occhiali. **g.** Quando si capiranno i problemi dell'ecologia, si vivrà meglio e più sani. **h.** Si fanno tante cose con il computer. **i.** Non si è mai contenti di quello che si ha. **j.** In questa impresa si lavora tanto e si guadagna poco.

6 **a.** si è vestita **b.** mi alzerò **c.** ti alleni **d.** Mi sono pentito **e.** vi siete preoccupati.

7 **a.** si **b.** mi **c.** ci **d.** mi **e.** mi **f.** ti **g.** vi **h.** ci **i.** si **j.** si.

10. Verbes irréguliers

1 **a.** vanno **b.** fareste **c.** faranno **d.** faceva **e.** facevano **f.** daremmo **g.** andrebbe **h.** andrebbero **i.** farebbero **j.** facciamo.

2 **a.** siamo scesi **b.** vedrete **c.** vorrebbero **d.** tolgo **e.** valgono **f.** avrebbero spinto **g.** avrai riso **h.** dovrete **i.** dovreste **j.** vedreste.

3 **a.** salgono **b.** verreste **c.** escono **d.** uscirebbero **e.** avresti detto **f.** avevamo offerto **g.** ha aperto **h.** dicono **i.** dicevano **j.** sale.

4 **a.** sale **b.** vedrai **c.** verrà **d.** avete perso **e.** avrebbero corso **f.** devo **g.** sarai presa **h.** vengono **i.** è nata.

5 **a.** verrò **b.** siamo scesi **c.** avrai aperto **d.** appartengo **e.** voglio.

6 **a.** corsi **b.** divisi **c.** rimasti **d.** letto **e.** scelgo.

7 **a.** va **b.** è andata **c.** sono andati **d.** andranno.

8 **a.** hanno preso il treno **b.** beve **c.** berrà.

9 prendere → preso / fare → fatto / dire → detto / scrivere → scritto / venire → venuto / scendere → sceso / salire → salito.

10 hai fatto – sono uscita – è stata ou era – ho visto – faceva – vorrei – vuoi ou vorresti – verrò – sarò.

11 **a.** Se posso venire da voi, verrò sicuramente **b.** Ho scelto questa macchina perché mi piace molto **c.** Quando possono escono sempre, anche quando piove o nevica **d.** Abbiamo atteso molto tempo prima di telefonare da voi **e.** Non fai nessuno sport, ma dovresti.

12 **a.** Noi facciamo i nostri compiti e poi veniamo al cinema **b.** Io, quando vengo interrogato, spesso taccio **c.** Loro tengono molto al loro lavoro e ci vanno volentieri **d.** Voi sapete che verrete rimproverati dal vostro direttore.

13 **a.** sceso **b.** vinto **c.** acceso **d.** uscito **e.** riso **f.** nato.

11. Les pronoms personnels simples et groupés

1 **a.** voi **b.** io **c.** tu **d.** loro **e.** lui **f.** tu **g.** loro **h.** tu **i.** noi **j.** io **k.** lui.

2 **a.** Parleremo noi **b.** Sarebbero partiti loro **c.** L'avete mangiato voi **d.** Verremmo noi **e.** Ci vai tu **f.** La spengono loro **g.** Lo farò io **h.** Lo tolgo io **i.** Risponderai tu **j.** Potrebbero loro.

3 **a.** ti – l' **b.** Ci **c.** Gli – mi – lo **d.** mi – le **e.** Gli – la **f.** Le – ci **g.** la – le **h.** mi – vi **i.** vi **j.** Ci.

4 **a.** gli **b.** ti **c.** te – ti **d.** la **e.** lo – mi – Lei **f.** le **g.** io **h.** noi **i.** gli **j.** noi – ti.

5 **a.** mi – ne – ci **b.** gli – ti – ne **c.** ci – ci – ne **d.** le – mi – io **e.** vi – ci – ne – ci – te **f.** ne – ne.

6 **a.** dirgli **b.** andarci **c.** Fatemi **d.** nominarla **e.** Raccontandoci **f.** Dettogli **g.** Falle **h.** Digli **i.** facentene parte **j.** andandolo.

7 **a.** Avete dovuto tornarci **b.** L'ho voluto fare **c.** Avresti dovuto avvertirmi **d.** Sapremo persuaderli **e.** Non vi vorrei deludere **f.** Non abbiamo saputo andarci **g.** Non ne hanno voluto sapere **h.** Li volevano incontrare.

8 **a.** Ve ne parleremmo. **b.** Gliel'hanno proposto. **c.** Ce lo faranno vedere. **d.** Ce lo comprerete. **e.** Gliel'hai detto ? **f.** Ce ne andremo. **g.** Gliene hanno parlato. **h.** Ce ne hanno fatte vedere di tutti i colori !

9 **a.** Non ditemelo **b.** Parlagliene **c.** Siamo andati a comprarglielo **d.** Non vorrei mai privartene **e.** Lo fai soffrire, dicendoglielo **f.** Fateglielo vedere **g.** Accompagnandocela, passi di qui ?

12. Pronoms relatifs et interrogatifs

1 **a.** della quale → di cui **b.** che → i quali **c.** il quale → che **d.** nel quale → in cui **e.** che → i quali **f.** per la quale → per cui **g.** con cui → con la quale **h.** in cui → nella quale **i.** sul quale → su cui **j.** di cui → del quale.

2 **a.** di cui **b.** con cui **c.** in cui **d.** per cui **e.** a cui **f.** su cui **g.** per cui **h.** a cui **i.** di cui **j.** con cui.

3 **a.** Abbiamo incontrato ieri Carla, di cui ci avevate parlato **b.** Mio fratello sta leggendo un libro che Marco gli ha consigliato **c.** Filippo è un ragazzo simpatico, con cui vado molto d'accordo **d.** Abito in un bel quartiere, da cui si arriva in centro in pochi minuti **e.** Mi ha spiegato il problema per cui se n'è andato. **f.** Ho visitato una città in cui non ero mai stato **g.** Ho letto un libro da cui è stato tratto l'ultimo film del mio regista preferito **h.** Ti presteremo quel libro su cui abbiamo preparato l'esame di storia.

4 **a.** Il compagno il cui padre è così severo era tanto triste stamattina **b.** I miei amici mi hanno augurato buon compleanno, il che mi ha riempito di gioia **c.** Abbiamo dovuto pagare una grossa somma, il che non ci ha proprio arricchiti... **d.** Il cliente la cui macchina è parcheggiata davanti al portone è pregato di spostarla **e.** L'autore il cui libro ha vinto il primo premio era alla televisione ieri sera **f.** Ho finalmente comprato la macchina di cui ti ho tanto parlato **g.** Domandagli ciò di cui hai bisogno **h.** La mia impresa è in crisi, il che mi preoccupa molto **i.** Avrebbero voluto *(sarebbero voluti)* andare in vacanza in quel posto di cui tutti parlano **j.** La persona la cui macchina è parcheggiata davanti alla porta è pregata di toglierla.

5 **a.** Chi **b.** quale **c.** Che (ou *Che cosa*) **d.** Quanto **e.** Che (ou *Che cosa*) **f.** Quanto **g.** chi **h.** chi **i.** chi **j.** Che (ou *Che cosa*).

6 **a.** Quante **b.** Quanti **c.** Che (ou *Quale*) **d.** che (ou *quale*) **e.** che **f.** che (ou *quale*) **g.** che (ou *quale*) **h.** quanti **i.** Che (ou *Quale*) **j.** che (ou *quale*).

7 **a.** quante **b.** Chi **c.** che **d.** Che **e.** Quale **f.** Quante **g.** Che **h.** che **i.** quanti **j.** che.

8 **a.** che cosa – quanto **b.** quali – chi **c.** chi – quale **d.** chi **e.** quanti – chi **f.** Quanta **g.** Quanti **h.** che (ou *quale*) **i.** che (ou *Quale*) **j.** che (ou *quale*).

13. L'impératif et la forme de politesse

1 **a.** Non ascoltate ! **b.** Non soffrire ! **c.** Prendiamo ! **d.** Ripeti ! **e.** Non apriamo ! **f.** Parti ! **g.** Vieni ! **h.** Togliamo ! **i.** Chiedete ! **j.** Poni !

2 **a.** Non prendere freddo ! **b.** Non andate così forte ! **c.** Mangia la tua pizza ! **d.** Abbi fiducia ! **e.** Siate puntuali ! **f.** Bevi molta acqua ! **g.** Vieni con me ! **h.** Sii gentile ! **i.** Lavorate bene ! **j.** Dormiamo poco tempo !

3 **a.** Portateglielo immediatamente ! **b.** Non spiegarglielo ! **c.** Raccontatecelo ! **d.** Dammene due ! **e.** Giuramelo ! **f.** Faccelo ! **g.** Compriamoglieli ! **h.** Leggetecelo ! **i.** Dateglielo ! **j.** Restaci !

4 **a.** Mostracele **b.** Raccontagliele **c.** Accompagnacelo **d.** Diccelo **e.** Stacci **f.** Vammela a prendere ! **g.** ditecela **h.** Pagaglielo **i.** Compriamoglieli **j.** Portategliela.

5 **a.** Mi scusi, signora, avrei bisogno di vederla domani. **b.** Signore, eravamo venuti a portarglieli. **c.** Dottore, mi aveva promesso che mi avrebbe ricevuto stamattina. **d.** Le avevamo chiesto di risponderci al più presto. **e.** Gliel'avevo detto, ma Lei ha rifiutato di ascoltarmi. **f.** Signori, vogliono darmi i loro cappotti, per favore ? **g.** Signora, gliel'ho portato, come lei mi ha chiesto. **h.** Signor Direttore, la prego di scusarmi per il mio ritardo. **i.** Mi scusi, signora, non l'avevo sentita.

6 **a.** Gliel'avrei portato prima, ma non avendola sentito al telefono, ho pensato che non era in casa . **b.** Non se la deve prendere con me se non gliel'ho detto : Carlo mi ha chiesto di non avvertirla perché voleva farle una sorpresa. **c.** Scusi, le chiedo un'informazione perché mi sono perso : mi sa indicare dove si trova via Garibaldi ? **d.** Se sa giocare a tennis, la settimana prossima la invito a casa e giocherà con me e con i miei amici.

7 **a.** Entri, signora, l'aspettavo **b.** Non creda a tutto ciò che le si racconta **c.** Gli telefoni alle tre **d.** Mi segua, le mostrerò la sua camera **e.** Non glielo racconti, se tiene alla vostra amicizia **f.** Ci vada subito, signora, se ci tiene veramente **g.** Lo compri, ne sarà soddisfatto **h.** Lo tolga, avrà caldo qui **i.** Si svegli, signore, è arrivato **j.** Si metta più a destra, non la vedo.

8 **a.** Dottore, mi prescriva una medicina efficace e mi guarisca al più presto. **b.** Signorina, vada a prendere i verbali della riunione e li archivi. **c.** Signor Rossi, venga da me e mi racconti tutto. **d.** Direttore, ci ascolti e prenda una decisione equa.

14. Les formes verbales indéfinies : infinitif, participes présent et passé, gérondif

1 **a.** essere stati **b.** avere avuto **c.** avere **d.** essere **e.** essere stato **f.** avere avuto **g.** essere **h.** essere stato.

2 **a.** Dopo avere finito i compiti, potrai fare la merenda. **b.** Siamo passati con il semaforo rosso senza accorgercene. **c.** Deve mettere tutto in ordine prima di partire. **d.** Comincerete le lezioni dopo avere compilato il modulo d'iscrizione. **e.** Era così stanco da non riuscire a stare sveglio. **f.** Prendiamo la macchina per arrivare prima. **g.** Dopo avere finito di mangiare, fece un discorso. **h.** Dopo essere arrivati a Roma, siamo andati a cercare un albergo.

3 **a.** Carla mi ha detto di portarglielo subito. **b.** Il direttore gli ha detto di andarsene. **c.** Il medico si è raccomandato di stare a riposo per almeno una settimana. **d.** Il professore ci ha detto di uscire in silenzio. e. Filippo mi ha promesso di tornare alle nove. **f.** Mia sorella mi ha detto di avere cambiato casa.

4 **a.** Aprendo la porta, ho sentito suonare il telefono. **b.** Tornando troppo tardi, troverete il portone chiuso. **c.** Dovendo fare gare sportive, ha bisogno di un certificato medico. **d.** È caduto giocando nel cortile. **e.** Si ottengono buoni risultati solo impegnandosi. **f.** Andando in centro, ho incontrato Claudio. **g.** Lavorando troppo, ci si stanca. **h.** Studiando si è promossi.

5 **a.** Si è fatto male mentre lavorava nel suo giardino. **b.** Poiché non sa usare il computer, si deve fare aiutare da me. **c.** Se ti comporti così, ti metterai tutti contro. **d.** Se ne avremo i mezzi, compreremo una lavatrice nuova. **e.** Poiché non va mai all'estero, conosce solo il modo di vita italiano. **f.** Mentre andavo in centro, ho incontrato Claudio. **g.** Se lavori bene, otterrai una promozione. **h.** Mentre eravamo in vacanza in Italia, abbiamo visto tanti bei monumenti. **i.** Se si abita in centro, si hanno tante comodità. **j.** Poiché non ci vedo bene, devo portare gli occhiali quando guido.

6 **a.** Il treno che proviene da Roma è in arrivo al binario sei. **b.** Per iscriversi ai corsi di tennis è necessario un certificato medico che comprova (ou *comprovi*, subjonctif) una sana costituzione fisica. **c.** Il ritiro si svolgerà nei giorni che precedono immediatamente la Pasqua. **d.** Le verrà consegnata una busta che conterrà i documenti necessari. **e.** Si è comprata un vestito di un colore blu che tende al verde. **f.** Ho scelto un modello di macchina che equivale a quello che avevo prima.

7 **a.** sareste arrivati **b.** avrai preso **c.** mi ero accorto **d.** avendo acceso **e.** ho conosciuti **f.** ha vinto.

8 **a.** Mia sorella è caduta e si è fatta male a una gamba b. Si sono fatti eleggere presidente e vicepresidente **c.** Mi è talmente piaciuto questo libro che ne ho comprate due copie per regalarle **d.** Maria e Luisa, le abbiamo viste ma non ci hanno salutato (ou *salutati*) **e.** Abbiamo acceso la luce e abbiamo visto tutto **f.** Ci siamo alzate presto e siamo partite.

15. Le subjonctif

1 **a.** abbia **b.** veniate **c.** studiamo **d.** sia **e.** parta **f.** lavori **g.** stia.

2 **a.** Credevo che tu avessi qualcosa da nasconderci **b.** Era necessario che voi veniste con noi **c.** Il nostro professore pretendeva che noi studiassimo tre ore al giorno **d.** Ero contento che nostro figlio fosse studioso e diligente **e.** Non mi sembrava possibile che io partissi dieci minuti dopo **f.** Volevo che tu lavorassi nel mio ufficio **g.** Preferivo che Lei stesse con me.

3 **a.** canti **b.** accompagnino **c.** portiate **d.** ritorni **e.** mangi **f.** guardi **g.** pensiate **h.** parli.

4 **a.** pianga **b.** crediate **c.** leggiate **d.** chiedano **e.** rifletta **f.** scriva **g.** ripeta **h.** accada.

5 **a.** apra **b.** dormano **c.** senta **d.** puliate **e.** parta **f.** obbediscano **g.** impedisca **h.** investano.

6 **a.** ... Francesco mangi di tutto **b.** ... la televisione trasmetta la partita in diretta **c.** ... Andrea ubbidisca ciecamente al suo direttore **d.** ... in Italia si viva meglio che in molti altri paesi.

7 **a.** le abbia creduto **b.** abbia mangiato troppi dolci **c.** siamo partiti presto **d.** sia venuto a trovarmi.

8 **a.** cantassi **b.** accompagnassero **c.** portaste **d.** ritornassi **e.** mangiasse.

9 **a.** piangesse **b.** credesse **c.** leggeste **d.** chiedessero **e.** riflettesse **f.** dovessi **g.** potesse **h.** conoscessi.

10 **a.** aprissi **b.** dormissero **c.** ubbidisse **d.** puliste **e.** capissi **f.** soffrisse **g.** partiste **h.** condisse.

11 **a.** non le avessi creduto **b.** avessi mangiato troppi dolci **c.** fossimo partiti presto **d.** fossi venuto a trovarmi.

16. La phrase hypothétique et autres emplois du subjonctif

1 **a.** Se studiate le lezioni, sarete promossi **b.** Se mangiate poco, non ingrasserete **c.** Se il treno non fosse sempre in ritardo, non preferiremmo prendere la macchina **d.** Se non lavorasse troppo, non sarebbe sempre stanco **e.** Se avesse studiato l'inglese, sarebbe potuto andare a lavorare in America **f.** Se fossi venuta alla festa, non avresti passato la domenica da sola **g.** Se ti fossi coperto abbastanza, non avresti preso il raffreddore **h.** Se avessimo fatto il liceo, avremmo imparato il latino **i.** Se avrai fede, ce la farai.

2 **a.** Se volessi, potresti. **b.** Se l'avessi saputo, non sarei venuto. **c.** Se vieni a casa mia, ti mostrerò la mia collezione di stampe cinesi. **d.** Se fossi andata a casa sua, non avresti visto niente. **e.** Se fai uno sforzo, ci riuscirai.

3 **a.** avessi speso **b.** veniste **c.** avessi avvertita **d.** avessi visto **e.** fossi **f.** avessimo saputo **g.** fossimo **h.** avesse.

4 **a.** Se viaggiassi, conosceresti altri paesi che il tuo **b.** Se ascoltasse quando gli si parla, saprebbe che cosa si è detto **c.** Se foste venuti alla riunione, adesso conoscereste le ultime decisioni **d.** Se leggessero il giornale, saprebbero quello che succede nel mondo **e.** Se avessimo i soldi, potremmo comprarlo **f.** Se avessi dormito abbastanza, adesso non saresti stanchissimo **g.** Se ci aveste dato retta, non avreste fatto un grosso errore **h.** Se fossi andato a fare la spesa, ora non avresti il frigo vuoto.

5 Se correte → arriverete in tempo / Se l'avessi visto → l'avrei riconosciuto / Se mangiasse meno → non sarebbe così grasso / Se si lavora troppo → ci si stanca molto / Se ce ne aveste parlato → vi avremmo aiutato / Se fossi andato più piano → non avresti avuto una multa / Se mangiaste di più → non sareste così magri.

6 **a.** Se avessero voluto, ci sarebbero riusciti. **b.** Se lavora tanto, finirà per ammalarsi. **c.** Se studiassi, avresti voti migliori. **d.** Se parli male di tutti i colleghi, un giorno ti farai licenziare. **e.** Se fosse curato da un bravo medico, guarirebbe.

7 **a.** Se piovesse, potreste venire da me. **b.** Se l'avessi cercato bene dappertutto, l'avresti trovato. **c.** Se qualcuno potesse vedere il futuro, potrebbe dirtelo. **d.** Se vivessi in Italia, parlerei l'italiano molto meglio.

8 **a.** Non aveva capito la situazione, benché gliel'avessimo spiegata mille volte. **b.** Voglio una macchina sportiva che vada molto veloce. **c.** L'ho dovuto riMproverare, benché forse non lo meritasse. **d.** Fumavo tanto, benché sapessi che mi faceva male. **e.** Fumo tanto, benché io sappia che mi fa male **f.** Ha spiegato la lezione una seconda volta, affinché gli studenti la capissero bene.

9 **a.** Se fossi una giraffa, prenderei l'osso sulla finestra ! **b.** Se avessi le ali, prenderei l'uccellino !

17. Les adverbes

1 vicino → lontano / tardi → presto / piano → forte / molto → poco / bene → male.

2 **a.** mai → sempre **b.** sopra → sotto **c.** facilmente → difficilmente **d.** rumorosamente → silenziosamente **e.** presto → tardi.

3 **a.** abbastanza **b.** molto **c.** troppo **d.** sempre **e.** bene **f.** piano **g.** presto **h.** poco **i.** lontano **j.** vicino

4 **a.** affettuosamente **b.** velocemente **c.** perfettamente **d.** gentilmente **e.** difficilmente **f.** attentamente.

5 **a.** con ordine **b.** con solennità **c.** con rispetto **d.** con stupidità **e.** con rapidità **f.** con prudenza.

6

Nom	Adjectif	Adverbe
dolcezza	dolce	dolcemente
gentilezza	gentile	gentilmente
intelligenza	intelligente	intelligentemente
tristezza	triste	tristemente
profondità	profondo	profondamente
attenzione	attento	attentamente
fretta	frettoloso	frettolosamente
generosità	generoso	generosamente
crudeltà	crudele	crudelmente
lentezza	lento	lentamente
barbarie	barbaro	barbaramente

7 **a.** di sicuro **b.** per caso **c.** di solito **d.** di nascosto **e.** di fretta **f.** a lungo **g.** all'improvviso **h.** in fretta.

8

Adverbe	Locution adverbiale
casualmente	per caso
certamente	di certo
lungamente	a lungo
sicuramente	di sicuro

9 **a.** più tardi **b.** meno in fretta **c.** meno bene **d.** più velocemente **e.** più forte **f.** più vicino **g.** meno presto.

10 **a.** più spesso **b.** spessissimo **c.** più vicino **d.** più tardi **e.** tardissimo **f.** meno bene **g.** benissimo **h.** più attentamente **i.** molto attentamente (*attentissimamente*, moins fréquent).

11 **a.** ottimamente **b.** meglio **c.** peggio **d.** meno **e.** moltissimo **f.** più **g.** pochissimo.

12 lavorare → alacremente / dormire → soporitamente / innamorarsi → perdutamente / ridere → sguaiatamente / respirare → affannosamente / giocare → accanitamente / salutare → affettuosamente / sedere → scompostamente.

18. Prépositions et conjonctions, locutions *c'è, ci sono*

1 **a.** nella **b.** sulla **c.** dalla **d.** dell' **e.** dell'.

2 **a.** di **b.** a **c.** per **d.** con **e.** in.

3 **a.** delle **b.** alle **c.** nella **d.** coll' **e.** nello.

4

è tutto pronto per il pranzo	è tutto pronto per pranzare
è un'associazione per la protezione degli animali	è un'associazione per proteggere gli animali
ho visto il progetto per la costruzione della casa	ho visto il progetto per costruire la casa
metto gli occhiali solo per la lettura.	metto gli occhiali solo per leggere
gli atleti si preparano per la corsa	gli atleti si preparano per correre
sto risparmiando per l'acquisto di un nuovo computer	sto risparmiando per acquistare un nuovo computer.

5 **a.** per – dall' **b.** da **c.** Nella **d.** a – da **e.** per – per.

6 **a.** ma **b.** infatti **c.** cioé **d.** dunque **e.** o.

7 **a.** perché **b.** affinché **c.** quando **d.** benché **e.** che.

8 **a.** a patto che **b.** ogni volta che **c.** anche se **d.** per il fatto che **e.** di modo che.

9 **a.** ci saranno **b.** c'é stata **c.** ci sono **d.** c'é **e.** fa **f.** c'erano **g.** ci sono **h.** fa **i.** Ci sono **j.** ci sarebbero state.

10 Vieni – Prendi – Ricordati – Vestiti – prendi – sii.

19. Les discours direct et indirect

1 **a.** L'annuncio diceva che cercavano persone esperte in informatica. **b.** La gente gridava di dargli del pane (ou bien La gente gridava che gli dessero del pane). **c.** Luisa ci ha detto che non sarebbe venuta con noi in discoteca perché l'indomani (ou *il giorno dopo*) avrebbe avuto un esame. **d.** Domani ti chiamerò e ti dirò di guardare il meteo prima di partire. **e.** Luisa dice che ha vent'anni ed è italiana.

2 **a.** Il mio professore ci dice sempre : – Fate attenzione all'ortografia. **b.** Il presidente ha annunciato alla popolazione : – Ci saranno nuove tasse. **c.** L'avvocato aveva affermato : – Le prove contro il mio cliente sono insufficienti. **d.** Il mio estetista mi consiglia : – Usi ottimi prodotti di bellezza. **e.** Il giornalista aveva scritto : – Le elezioni sono vicine.

3 « Dice che gli piacciono i gelati e che ne mangerebbe volentieri uno subito, ma che è a dieta. »

4 « Dice che è arrabbiato perché il suo televisore si è rotto proprio il giorno della partita di calcio della sua squadra preferita. »

5 « Dice che gli hanno detto che con la sua bella presenza potrebbe fare l'attore di cinema, ma che forse gli hanno fatto uno scherzo. »

6 **Rébus :** LOL – ASCE – REMO DI RE
➜ LO LASCEREMO DIRE.

7 **a.** Ci aveva chiesto dove si trovasse la città di Treviso. **b.** Cinzia gli ha chiesto se si ricordasse dove avessero parcheggiato la macchina. **c.** Allora lui mi domanda se io conosca qualche buona pizzeria da quelle parti. **d.** Una volta spesso mi domandavo quale fosse il senso della vita.

8 **a.** Mi chiedeva sempre : – Che ora é ?, e diceva : – Per me qui il tempo non passa mai. **b.** Ci chiede : – Che cosa fate questa sera ? Avete voglia di uscire con noi ? **c.** Quel giorno mi aveva domandato : – Vuoi sposarmi ?

9 **a.** lavori **b.** si fosse nascosto **c.** piaccia **d.** sia stata.

10 « Dice che se fosse ricco si comprerebbe una macchina, andrebbe al ristorante tutti i giorni e si vestirebbe sempre all'ultima moda, ma che purtroppo non è così e si deve accontentare. »

11 « Diceva che se fosse stato ricco si sarebbe comprato una macchina, sarebbe andato al ristorante tutti i giorni e si sarebbe vestito sempre all'ultima moda, ma che purtroppo non era così e si doveva accontentare. »

12 **a.** Diceva che per diventare ricchi bisognava avere fortuna. **b.** Gridava che parlando così forte, gli impedivano di ascoltare la musica. **c.** Mi ha detto che, finito di lavorare, sarebbe andato subito a casa.

20. Jeux de vocabulaire et exercices de récapitulation

1 **GIARDINIERE**, tout en ayant rapport avec le monde végétal, c'est un être humain !

2 TAVOLA – MARINI – TORTA – NASO – ROTTURA – ISOLA – ALTO – LEV.

3 Les trois familles sont :
a. noms d'animaux : gatto – coniglio – pecora – leone.
b. relations de famille : zio – nuora – genero – cognato.
c. noms d'outils : martello – chiodo – sega – vite.

4 medico ➜ stetoscopio / meccanico ➜ chiave inglese / falegname ➜ sega / agricoltore ➜ zappa / muratore ➜ cazzuola / imbianchino ➜ pennello.

5 fornaio – macchina – rumore – meccanico – ruote – colazione – caffè.

6 **a.** LIBERO **b.** LARGO **c.** COSTA **d.** GHIRO **e.** NONNO.

7 **a.** CASELLO **b.** POCO **c.** SETA **d.** DICO.

8 **a.** FETTA **b.** CUGINA **c.** ALTO **d.** MINA **e.** TORTA.

9 **a.** PERA **b.** CART **c.** TEATRO **d.** DIO **e.** CAROTA **f.** SALUTARE.

10 Caro amico, ti scrivo questa mail per metterci d'accordo per il tuo arrivo lunedì mattina della settimana prossima. Verrò personalmente in macchina a prenderti alla stazione al tuo arrivo. A che ora arriva il tuo treno ? Sono molto contento che tu venga finalmente a visitare Pisa, che è una bellissima città. Ti inviterò a casa mia a pranzo e ti farò conoscere i miei genitori. Poi andremo a vedere la famosa torre e il duomo. A presto. Il tuo amico Guido

11 **a.** Andrà a prenderlo in macchina **b.** Guido abita a Pisa **c.** È la prima volta che va a trovarlo **d.** Guido abita con i suoi genitori.

12

P	A		B	O		I		D
O	B	B	E	D	I	S	C	I
T	R	O	V	A	N	O		
E	O	L	O		V	L		R
S	G	O	N	F	I	A	R	E
S	A	G	O	M	A	N	O	
I		N			R	O	M	A
M		E	R		E			P
O		S	U	O		P	E	R
	S	I		Z	I	T	T	A

13 **a.** ai
b. hai
c. o
d. hanno
e. anno.

14 **1re ligne :** parlo – ho parlato – parlava – parlerò – parlerei – avrei parlato. **2e ligne :** ripetiamo – abbiamo ripetuto – ripetevamo – ripeteremo – ripeteremmo – avremmo ripetuto. **3e ligne :** crede – ha creduto – credeva – crederà – crederebbe – avrebbe creduto. **4e ligne :** finite – avete finito – finivate – finirete – finireste – avreste finito. **5e ligne :** portano – hanno portato – portavano – porteranno – porterebbero – avrebbero portato. **6e ligne :** obbediamo – abbiamo obbedito – obbedivamo – obbediremo – obbediremmo – avremmo obbedito. **7e ligne :** ascoltano – hanno ascoltato – ascoltavano – ascolteranno – ascolterebbero – avrebbero ascoltato.

15 **a.** ripeteranno **b.** risolverebbero **c.** suonate **d.** telefonavano **e.** abbiamo sentito **f.** aprirete **g.** finiamo **h.** vendereste.

16 **a.** porterebbe **b.** avrai saputo **c.** avevi **d.** parlavo **e.** vendicheresti **f.** parcheggerà **g.** suona **h.** spedisci.

17

O	T	S	O	P
S	R	T	R	O
O	S	E	P	S
R	S	S	S	T
E	D	A	T	O

posto (porre) – eroso (erodere) – prese (prendere) – reso (rendere) – dato (dare) – speso (spendere) – stesa (stendere).

18

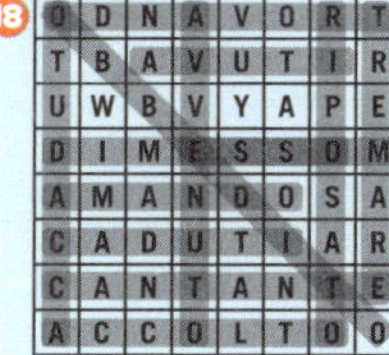

Infinitif : TREMARE **Gérondifs :** TROVANDO – AMANDO **Participe présent :** CANTANTE **Participes passés :** ACCOLTO – ACCADUTO – AVVENUTO – OBBEDITO – DIMESSO – MOSSE – CADUTI – RIPOSATO – OSATO – AVUTI.

Bravo, vous êtes venu à bout de ce cahier ! Il est temps à présent de faire le point sur vos compétences et de comptabiliser les icônes afin de procéder à l'évaluation finale. Reportez le sous-total de chaque chapitre dans les cases ci-dessous puis additionnez-les afin d'obtenir le nombre final d'icônes dans chaque couleur. Puis découvrez vos résultats !

	☺	😐	☹
1. Alphabet et phonétique			
2. Articles, noms et adjectifs			
3. Les noms altérés et les degrés de l'adjectif qualificatif			
4. Les chiffres et le temps			
5. Adjectifs et pronoms possessifs et démonstratifs			
6. Indicatif présent des verbes *essere* et *avere* et conjugaisons régulières			
7. Passé composé, imparfait et plus-que-parfait			
8. Futur, futur imminent et conditionnel			
9. Formes passive, impersonnelle, réfléchie et pronominale			
10. Verbes irréguliers			
11. Pronoms personnels simples et groupés			
12. Pronoms relatifs et interrogatifs			
13. L'impératif et la forme de politesse			
14. Les formes verbales indéfinies			
15. Le subjonctif			
16. La phrase hypothétique et autres emplois du subjonctif			
17. Les adverbes			
18. Prépositions et conjonctions, locutions *c'è, ci sono*			
19. Les discours direct et indirect			
20. Jeux de vocabulaire et exercices de récapitulation			

Total, tous chapitres confondus

Vous avez obtenu une majorité de...

Bravissimo ! Vous maîtrisez maintenant les bases de l'italien, vous êtes fin prêt pour passer au niveau supérieur !

Non c'è male... Mais vous pouvez encore progresser ! Refaites les exercices qui vous ont donné du fil à retordre en jetant un coup d'œil aux leçons !

Coraggio ! Vous êtes un peu rouillé... Reprenez l'ensemble de l'ouvrage en relisant bien les leçons avant de refaire les exercices.

Crédits : Illustrations / © MS.

Création et réalisation : MediaSarbacane

N° d'édition : 3914 - septembre 2019

ISBN : 978-2-7005-0639-6

www.assimil.com

Imprimé en Slovénie par DZS Grafik